心一堂術數古籍珍本叢刊

書名：風水靈籤怪談（第一集）
系列：心一堂術數古籍珍本叢刊　堪輿類　占筮類　第三輯　328
作者：齊東野
主編、責任編輯：陳劍聰
心一堂術數古籍珍本叢刊編校小組：陳劍聰　素聞　鄒偉才　虛白盧主　丁鑫華

出版：心一堂有限公司
通訊地址：香港九龍旺角彌敦道六一〇號荷李活商業中心十八樓〇五－〇六室
深港讀者服務中心：中國深圳市羅湖區立新路六號羅湖商業大厦負一層〇〇八室
電話號碼：(852)9027-7110
網址：publish.sunyata.cc
電郵：sunyatabook@gmail.com
網店：http://book.sunyata.cc
淘寶店地址：https://sunyata.taobao.com
微店地址：https://weidian.com/s/1212826297
臉書：https://www.facebook.com/sunyatabook
讀者論壇：http://bbs.sunyata.cc/

版次：二零二零年八月初版
平裝

定價：港幣　九十八元正
新台幣　四百五十元正

國際書號：ISBN 978-988-8583-39-3

香港發行：香港聯合書刊物流有限公司
地址：香港新界大埔汀麗路36號中華商務印刷大厦3樓
電話號碼：(852)2150-2100
傳真號碼：(852)2407-3062
電郵：info@suplogistics.com.hk

台灣發行：秀威資訊科技股份有限公司
地址：台灣台北市內湖區瑞光路七十六巷六十五號一樓
電話號碼：+886-2-2796-3638
傳真號碼：+886-2-2796-1377
網絡書店：www.bodbooks.com.tw
台灣秀威書店讀者服務中心：
地址：台灣台北市中山區松江路二〇九號一樓
電話號碼：+886-2-2518-0207
傳真號碼：+886-2-2518-0778
網絡書店：http://www.govbooks.com.tw

中國大陸發行　零售：深圳心一堂文化傳播有限公司
深圳地址：深圳市羅湖區立新路六號羅湖商業大厦負一層〇〇八室
電話號碼：(86)0755-82224934

心一堂微店二維碼

心一堂淘寶店二維碼

心一堂術數古籍 珍本 整理 叢刊 總序

術數定義

術數，大概可謂以「推算（推演）、預測人（個人、群體、國家等）、事、物、自然現象、時間、空間方位等規律及氣數，並或通過種種『方術』，從而達致趨吉避凶或某種特定目的」之知識體系和方法。

術數類別

我國術數的內容類別，歷代不盡相同，例如《漢書・藝文志》中載，漢代術數有六類：天文、曆譜、五行、蓍龜、雜占、形法。至清代《四庫全書》，術數類則有：數學、占候、相宅相墓、占卜、命書、相書、陰陽五行、雜技術等，其他如《後漢書・方術部》、《藝文類聚・方術部》、《太平御覽・方術部》等，對於術數的分類，皆有差異。古代多把天文、曆譜、及部分數學均歸入術數類，而民間流行亦視傳統醫學作為術數的一環；此外，有些術數與宗教中的方術亦往往難以分開。現代民間則常將各種術數歸納為五大類別：命、卜、相、醫、山，通稱「五術」。

本叢刊在《四庫全書》的分類基礎上，將術數分為九大類別：占筮、星命、相術、堪輿、選擇、三式、讖緯、理數（陰陽五行）、雜術（其他）。而未收天文、曆譜、算術、宗教方術、醫學。

術數思想與發展——從術到學，乃至合道

我國術數是由上古的占星、卜筮、形法等術發展下來的。其中卜筮之術，是歷經夏商周三代而通過「龜卜、蓍筮」得出卜（筮）辭的一種預測（吉凶成敗）術，之後歸納並結集成書，此即現傳之《易

經》。經過春秋戰國至秦漢之際，受到當時諸子百家的影響、儒家的推崇，遂有《易傳》等的出現，原本是卜筮術書的《易經》，被提升及解讀成有包涵「天地之道（理）」之學。因此，《易・繫辭傳》曰：「易與天地準，故能彌綸天地之道。」

漢代以後，易學中的陰陽學說，與五行、九宮、干支、氣運、災變、律曆、卦氣、讖緯、天人感應說等相結合，形成易學中象數系統。而其他原與《易經》本來沒有關係的術數，如占星、形法、選擇，亦漸漸以易理（象數學說）為依歸。《四庫全書・易類小序》云：「術數之興，多在秦漢以後。要其旨，不出乎陰陽五行，生尅制化。實皆《易》之支派，傅以雜說耳。」至此，術數可謂已由「術」發展成「學」。

及至宋代，術數理論與理學中的河圖洛書、太極圖、邵雍先天之學及皇極經世等學說給合，通過術數以演繹理學中「天地中有一太極，萬物中各有一太極」（《朱子語類》）的思想。術數理論不單已發展至十分成熟，而且也從其學理中衍生一些新的方法或理論，如《梅花易數》、《河洛理數》等。

在傳統上，術數功能往往不止於僅僅作為趨吉避凶的方術，及「能彌綸天地之道」的學問，亦有其「修心養性」的功能，「與道合一」（修道）的內涵。《素問・上古天真論》：「上古之人，其知道者，法於陰陽，和於術數。」數之意義，不單是外在的算數、歷數、氣數，而是與理學中同等的「道」、「理」--心性的功能，北宋理氣家邵雍對此多有發揮：「聖人之心，是亦數也」、「萬化萬事生乎心」、「心為太極」。《觀物外篇》：「先天之學，心法也。……蓋天地萬物之理，盡在其中矣，心一而不分，則能應萬物。」反過來說，宋代的術數理論，受到當時理學、佛道及宋易影響，認為心性本質上是等同天地之太極。天地萬物氣數規律，能通過內觀自心而有所感知，即是內心也已具備有術數的推演及預測、感知能力；相傳是邵雍所創之《梅花易數》，便是在這樣的背景下誕生。

《易・文言傳》已有「積善之家，必有餘慶；積不善之家，必有餘殃」之說，至漢代流行的災變說及讖緯說，我國數千年來都認為天災，異常天象（自然現象），皆與一國或一地的施政者失德有關；下至家族、個人之盛衰，也都與一族一人之德行修養有關。因此，我國術數中除了吉凶盛衰理數之外，人心的德行修養，也是趨吉避凶的一個關鍵因素。

術數與宗教、修道

在這種思想之下，我國術數不單只是附屬於巫術或宗教行為的方術，又往往是一種宗教的修煉手段--通過術數，以知陰陽，乃至合陰陽（道）。「其知道者，法於陰陽，和於術數。」例如，「奇門遁甲」術中，即分為「術奇門」與「法奇門」兩大類。「法奇門」中有大量道教中符籙、手印、存想、內煉的內容，是道教內丹外法的一種重要外法修煉體系。甚至在雷法一系的修煉上，亦大量應用了術數內容。此外，相術、堪輿術中也有修煉望氣（氣的形狀、顏色）的方法；堪輿家除了選擇陰陽宅之吉凶外，也有道教中選擇適合修道環境（法、財、侶、地中的地）的方法，以至通過堪輿術觀察天地山川陰陽之氣，亦成為領悟陰陽金丹大道的一途。

易學體系以外的術數與的少數民族的術數

我國術數中，也有不用或不全用易理作為其理論依據的，如揚雄的《太玄》、司馬光的《潛虛》。也有一些占卜法、雜術不屬於《易經》系統，不過對後世影響較少而已。

外來宗教及少數民族中也有不少雖受漢文化影響（如陰陽、五行、二十八宿等學說。）但仍自成系統的術數，如古代的西夏、突厥、吐魯番等占卜及星占術，藏族中有多種藏傳佛教占卜術、苯教占卜術、擇吉術、推命術、相術等；北方少數民族有薩滿教占卜術；不少少數民族如水族、白族、布朗族、佤族、彝族、苗族等，皆有占雞（卦）草卜、雞蛋卜等術，納西族的占星術、占卜術，彝族畢摩的推命術、占卜術……等等，都是屬於《易經》體系以外的術數。相對上，外國傳入的術數以及其理論，對我國術數影響更大。

曆法、推步術與外來術數的影響

我國的術數與曆法的關係非常緊密。早期的術數中，很多是利用星宿或星宿組合的位置（如某星在某州或某宮某度）付予某種吉凶意義，并據之以推演，例如歲星（木星）、月將（某月太陽所躔之宮次）等。不過，由於不同的古代曆法推步的誤差及歲差的問題，若干年後，其術數所用之星辰的位置，已與真實星辰的位置不一樣了；此如歲星（木星），早期的曆法及術數以十二年為一周期（以應地支），與木星真實周期十一點八六年，每幾十年便錯一宮。後來術家又設一「太歲」的假想星體來解決，是歲星運行的相反，週期亦剛好是十二年。而術數中的神煞，很多即是根據太歲的位置而定。又如六壬術中的「月將」，原是立春節氣後太陽躔娵訾之次而稱作「登明亥將」，至宋代，因歲差的關係，要到雨水節氣後太陽才躔娵訾之次，當時沈括提出了修正，但明清時六壬術中「月將」仍然沿用宋代沈括修正的起法沒有再修正。

由於以真實星象周期的推步術是非常繁複，而且古代星象推步術本身亦有不少誤差，大多數術數除依曆書保留了太陽（節氣）、太陰（月相）的簡單宮次計算外，漸漸形成根據干支、日月等的各自起例，以起出其他具有不同含義的眾多假想星象及神煞系統。唐宋以後，我國絕大部分術數都主要沿用這一系統，也出現了不少完全脫離真實星象的術數，如《子平術》、《紫微斗數》、《鐵版神數》等。後來就連一些利用真實星辰位置的術數，如《七政四餘術》及選擇法中的《天星選擇》，也已與假想星象及神煞混合而使用了。

隨着古代外國曆（推步）、術數的傳入，如唐代傳入的印度曆法及術數，元代傳入的回回曆等，其中我國占星術便吸收了印度占星術中羅睺星、計都星等而形成四餘星，又通過阿拉伯占星術而吸收了其中來自希臘、巴比倫占星術的黃道十二宮、四大（四元素）學說（地、水、火、風），並與我國傳統的二十八宿、五行說、神煞系統並存而形成《七政四餘術》。此外，一些術數中的北斗星名，不用我國傳統的星名：天樞、天璇、天璣、天權、玉衡、開陽、搖光，而是使用來自印度梵文所譯的：貪狼、巨門、祿存、文曲，廉貞、武曲、破軍等，此明顯是受到唐代從印度傳入的曆法及占星術所影響。如星命術中的《紫微斗數》及堪輿術中的《撼龍經》等文獻中，其星皆用印度譯名。及至清初《時憲曆》，置閏之法則改用西法「定氣」。清代以後的術數，又作過不少的調整。

此外，我國相術中的面相術、手相術，唐宋之際受印度相術影響頗大，至民國初年，又通過翻譯歐西、日本的相術書籍而大量吸收歐西相術的內容，形成了現代我國坊間流行的新式相術。

陰陽學——術數在古代、官方管理及外國的影響

術數在古代社會中一直扮演着一個非常重要的角色，影響層面不單只是某一階層、某一職業、某一年齡的人，而是上自帝王，下至普通百姓，從出生到死亡，不論是生活上的小事如洗髮、出行等，大事如建房、入伙、出兵等，從個人、家族以至國家，從天文、氣象、地理到人事、軍事，從民俗、學術到宗教，都離不開術數的應用。我國最晚在唐代開始，已把以上術數之學，稱作陰陽（學），行術數者稱陰陽人。（敦煌文書、斯四三二七唐《師師漫語話》：「以下說陰陽人謾語話」，此說法後來傳入日本，今日本人稱行術數者為「陰陽師」）。一直到了清末，欽天監中負責陰陽術數的官員中，以及民間術數之士，仍名陰陽生。

古代政府的中欽天監（司天監），除了負責天文、曆法、輿地之外，亦精通其他如星占、選擇、堪輿等術數，除在皇室人員及朝庭中應用外，也定期頒行日書、修定術數，使民間對於天文、日曆用事吉凶及使用其他術數時，有所依從。

我國古代政府對官方及民間陰陽學及陰陽官員，從其內容、人員的選拔、培訓、認證、考核、律法監管等，都有制度。至明清兩代，其制度更為完善、嚴格。

宋代官學之中，課程中已有陰陽學及其考試的內容。（宋徽宗崇寧三年〔一一零四年〕崇寧算學令：「諸學生習……並曆算、三式、天文書。」「諸試……三式即射覆及預占三日陰陽風雨。天文即預

定一月或一季分野災祥，並以依經備草合問為通。」

金代司天臺，從民間「草澤人」（即民間習術數人士）考試選拔：「其試之制，以《宣明曆》試推步，及《婚書》、《地理新書》試合婚、安葬，並《易》筮法，六壬課、三命、五星之術。」（《金史》卷五十一・志第三十二・選舉一）

元代為進一步加強官方陰陽學對民間的影響、管理、控制及培育，除沿襲宋代、金代在司天監掌管陰陽學及中央的官學陰陽學課程之外，更在地方上增設陰陽學課程（《元史・選舉志一》：「世祖至元二十八年夏六月始置諸路陰陽學。」）地方上也設陰陽學教授員，培育及管轄地方陰陽人。（《元史・選舉志一》：「（元仁宗）延祐初，令陰陽人依儒醫例，於路、府、州設教授員，凡陰陽人皆管轄之，而上屬於太史焉。」）自此，民間的陰陽術士（陰陽人），被納入官方的管轄之下。

至明清兩代，陰陽學制度更為完善。中央欽天監掌管陰陽學，明代地方縣設陰陽學正術，各州設陰陽學典術，各縣設陰陽學訓術。陰陽人從地方陰陽學肄業或被選拔出來後，再送到欽天監考試。（《大明會典》卷二二三：「凡天下府州縣舉到陰陽人堪任正術等官者，俱從吏部送（欽天監），考中，送回選用；不中者發回原籍為民，原保官吏治罪。」）清代大致沿用明制，凡陰陽術數之流，悉歸中央欽天監及地方陰陽官員管理、培訓、認證。至今尚有「紹興府陰陽印」、「東光縣陰陽學記」等明代銅印，及某某縣某某之清代陰陽執照等傳世。

清代欽天監漏刻科對官員要求甚為嚴格。《大清會典》「國子監」規定：「凡算學之教，設肄業生。滿洲十有二人，蒙古、漢軍各六人，於各旗官學內考取。漢十有二人，於舉人、貢監生童內考取。附學生二十四人，由欽天監選送。教以天文演算法諸書，五年學業有成，舉人引見以欽天監博士用，貢監生童以天文生補用。」學生在官學肄業、貢監生肄業或考得舉人後，經過了五年對天文、算法、陰陽學的學習，其中精通陰陽術數者，會送往漏刻科。而在欽天監供職的官員，《大清會典則例》「欽天監」規定：「本監官生三年考核一次，術業精通者，保題升用。不及者，停其升轉，再加學習。如能黽勉供職，即予開復。仍不及者，降職一等，再令學習三年，能習熟者，准予開復，仍不能者，黜退。」除定期考核以定其升用降職外，《大清律例》中對陰陽術士不準確的推斷（妄言禍福）是要治罪的。《大清律例．一七八．術七．妄言禍福》：「凡陰陽術士，不許於大小文武官員之家妄言禍福，違者杖一百。其依經推算星命卜課，不在禁限。」大小文武官員延請的陰陽術士，自然是以欽天監漏刻科官員或地方陰陽官員為主。

官方陰陽學制度也影響鄰國如朝鮮、日本、越南等地，一直到了民國時期，鄰國仍然沿用着我國的多種術數。而我國的漢族術數，在古代甚至影響遍及西夏、突厥、吐蕃、阿拉伯、印度、東南亞諸國。

術數研究

術數在我國古代社會雖然影響深遠，「是傳統中國理念中的一門科學，從傳統的陰陽、五行、九宮、八卦、河圖、洛書等觀念作大自然的研究。……傳統中國的天文學、數學、煉丹術等，要到上世紀中葉始受世界學者肯定。可是，術數還未受到應得的注意。術數在傳統中國科技史、思想史，文化史、社會史，甚至軍事史都有一定的影響。……更進一步了解術數，我們將更能了解中國歷史的全貌。」（何丙郁《術數、天文與醫學中國科技史的新視野》，香港城市大學中國文化中心。）

可是術數至今一直不受正統學界所重視，加上術家藏秘自珍，又揚言天機不可洩漏，「（術數）乃吾國科學與哲學融貫而成一種學說，數千年來傳衍嬗變，或隱或現，全賴一二有心人為之繼續維繫，賴以不絕，其中確有學術上研究之價值，非徒癡人說夢，荒誕不經之謂也。其所以至今不能在科學中成立一種地位者，實有數因。蓋古代士大夫階級目醫卜星相為九流之學，多恥道之；而發明諸大師又故為惝恍迷離之辭，以待後人探索；間有一二賢者有所發明，亦秘莫如深，既恐洩天地之秘，復恐譏為旁門左道，始終不肯公開研究，成立一有系統說明之書籍，貽之後世。故居今日而欲研究此種學術，實一極困難之事。」（民國徐樂吾《子平真詮評註》，方重審序）

現存的術數古籍，除極少數是唐、宋、元的版本外，絕大多數是明、清兩代的版本。其內容也主要是明、清兩代流行的術數，唐宋或以前的術數及其書籍，大部分均已失傳，只能從史料記載、出土文獻、敦煌遺書中稍窺一鱗半爪。

術數版本

坊間術數古籍版本，大多是晚清書坊之翻刻本及民國書賈之重排本，其中豕亥魚魯，或任意增刪，往往文意全非，以至不能卒讀。現今不論是術數愛好者，還是民俗、史學、社會、文化、版本等學術研究者，要想得一常見術數書籍的善本、原版，已經非常困難，更遑論如稿本、鈔本、孤本等珍稀版本。在文獻不足及缺乏善本的情況下，要想對術數的源流、理法、及其影響，作全面深入的研究，幾不可能。

有見及此，本叢刊編校小組經多年努力及多方協助，在海內外搜羅了二十世紀六十年代以前漢文為主的術數類善本、珍本、鈔本、孤本、稿本、批校本等數百種，精選出其中最佳版本，分別輯入兩個系列：

一、心一堂術數古籍珍本叢刊

二、心一堂術數古籍整理叢刊

前者以最新數碼（數位）技術清理、修復珍本原本的版面，更正明顯的錯訛，部分善本更以原色彩色精印，務求更勝原本。并以每百多種珍本、一百二十冊為一輯，分輯出版，以饗讀者。

後者延請、稿約有關專家、學者，以善本、珍本等作底本，參以其他版本，古籍進行審定、校勘、注釋，務求打造一最善版本，方便現代人閱讀、理解、研究等之用。

限於編校小組的水平，版本選擇及考證、文字修正、提要內容等方面，恐有疏漏及舛誤之處，懇請方家不吝指正。

心一堂術數古籍 珍本 整理 叢刊編校小組

二零零九年七月序

二零一四年九月第三次修訂

風水靈籤怪談

齊東野 著

第一集

一九六三年十月一日初版

風水靈籤怪談 第一集

定價：港幣一元六角

著作者：齊東野

出版者：宇宙出版社
香港活道十四號六樓

發行者：長興書局
香港大道西三〇五號
吳興記書報社
利源東街廿六號二樓
遠東文化有限公司
星加坡廈門街十九號

承印者：同興印刷公司
香港灣仔廈門街二十三號

風水靈籤怪談

第一集

齊東野著

香港宇宙出版社印行

目錄

一：風水的故事

聽說，香港大道中有一間規模不小的呢行，近年來生意不太理想。老板認爲，本行的牌號、資金、舖面、店員、廣告、管理等等，無論那一方面，都很夠本港商業水準以上，而何以年來生意不能興隆起來呢？在人事上、常識上想不通之後，忽然記起我們古老的中國有所謂「風水」之事，本店莫不是有什麽風水不妥之處嗎？於是，就以厚禮請了一位風水先生來看看。

果然，風水先生看出了毛病，說是，第一要把原有平式的店門改爲側式；第二把堆貨的地方移動。說也奇怪，這家呢行就從這兩件輕而易舉之事做了之後，果然生意蒸蒸日上，店東店員皆大歡喜。

儘管說是現在已經進入了最科學的原子時代；儘管香港大道中也洋氣十足；但是，科學家也沒有辦法能把不好的生意變爲好生意；原子能專家對這把正門改爲側門的風水問題，也不能不承認其爲超原子能的莫名其土地堂了。

在九龍城一路巴士站起附近，有一幢花園洋樓，地道美好，景物幽雅，無疑是高等住宅。我每次走過門口都有一種微妙的心情，想起我們古老的祖國；想起孔子出生地山東的泰山。因爲那所美麗的洋房，大門口右邊的墻上，竟然朝東加裝一塊粗石頭，上面刻有「泰山石敢當」的字樣。

可惜我未曾訪問屋主，否則又必定有其一段很有妙趣的風水事實無疑。

「泰山石敢當」之能壓禳不祥，見於漢史，比之「姜太公在此，百無禁忌」更有意義。這都是屬於風水之事；這是中國的一種文化，其中也自有道理。

關於「風水」之事，又稱爲「堪輿」之術，是中國古代學術的一種。遠在三千多年前周朝的史書，就有關於「卜宅」和「卜葬」之事的記載；可見此種學術在那時已經成熟到可以「實用」於生人的「住宅」和死人的「葬地」上，當不是僅僅迷信之舉；而必另有其確鑿的「應驗」事實，也才能保留到今日。而且在大道中、在九龍城，還有事實的見證。

固然今日我們可以不講這一古老套的事；但若這古老套的事，也具有歷史文化的「故事」價值的話，那就比今日中西所暢行的「古裝戲劇」，更有科學而有趣的智識；如果古裝戲劇值得一看，則這「風水故事」值得一聞了。

人生就個人的「身體」說，有兩件大事：一件是生前的「住宅」，要使身體住得「舒適」；一件是死後的「墓地」，要使遺體葬得「安適」。因爲人死後有靈魂的存在，所以把房屋叫做「陽宅」，把墳墓名爲「陰宅」。墓地對於死人有何關係，暫且不說；住宅好壞對於我們的「舒適」與否，大有關係，那是誰都要承認的。

誰也都知道，住宅的好壞，最重要的條件是地勢、道路、光線、空氣以及周圍環境，而不在於佔地大小和建築材料的好壞。

這些地勢、路道、光線、空氣以及周圍環境的好壞，就是我們一般人眼睛看得見的風水了。這是「常識」的風水，也和睇相一樣，我們對於一個人的聰明與愚拙，忠厚與刻薄，長壽與短命，貞節與淫亂之類的相貌，也都能看出多少，這也是「常識」的相術；至於看相先生所看的，如所謂「天倉滿」、「山根高」、「人中長」之類專門名詞和深一層的看法，那是我們所不知道的了。

看風水也是這樣，我們的常識看法只是知道表面的，至於房屋的坐落方向，地氣的衰旺，龍脈的赴伏，風勢的轉變以及水道的陰陽之類，那就是風水先生的專門學問，而非吾人之所能得知的了。

遠在數千年前，中國古書的書經裏，已載明當時官府建築房屋要看風水的這樣說：

「太保朝至于洛，卜宅，厥既得卜，則經營。」

這是說，太保的官，早到洛的地方，用卜卦看好了屋地，就開始建築。古書禮記裏也有這樣記載：「大夫卜宅與葬日。」

這裏的「宅」字則係「陰宅」就是「墓穴」，因爲它說：「大夫看好墓穴和埋葬的日子。」

可知數千年前的古人，對於「住宅」和「墳墓」的建造，都要經過看看風水的。這看風水的，到了漢朝成爲專門職業，被稱爲「堪輿家」，見於史記日者列傳中，與五行家並稱。

這「堪輿」二字，本是「天文地理」之義，它是以天文地理的氣象水土爲根據來判斷人事的吉凶休咎；起初不限於看風水，這事在史記中也說得很明白；後來大概由於一面漸漸失傳；一面學者所學不多，就只限於看陰陽宅了。這也是一件可惜的事。

關於住宅風水的事，從前有一次鬧到連皇帝都驚奇的，是說有一個新科狀元，名登金榜，獨佔鰲頭之後，因爲母親早歲寡居，教養有功，爲着報孝，就向皇上請求加封他的母親。奏摺呈上後，皇上本可准他所請，加封他的母親；但因有個大臣曾於皇上賜宴時看見新科狀元用左手執筷食飯，就向皇上啓奏道：「新科狀元乃用左手執箸，其母有虧母教，於禮不合，未便予高以封。」這樣一來，加封請不成了。

原來從前如此重視母教，孩子用左手執箸，責在母教不良，就中了狀元，母親因此小缺點竟然不得請求加封。

新科狀元聞知此事，十分懊喪，自己眞想不到因這小事會有這樣影响；他非常怨恨自己何以少時不注意到這事，以致今朝不能使親娘受封。回家時，跪在母親眼前抱頭痛哭。

由於這事發生，家族們就注意到孩子們的執箸問題了。一注意這問題，便發覺一件怪事。原來三代以來，凡是在這大屋裏出生的男女，都是用左手執箸；新科狀元的祖父、父親以及諸兄弟姊妹也同樣如此，而母親自己却是用右手的。因而起初想是祖墓風水關係，就請風水先生去看祖墓。祖墓看不出毛病，於是回到家裏看住宅。

風水先生起初也不以爲住宅風水會影响到如此重大有如「遺傳性」的事故。因爲據風水的一般說法，像這樣遺傳性的事，大都關係於祖墓的風水，不關於住宅的風水。同時，風水先生盡其方法也看不出這住宅有關此事的毛病。

但有一事不能不使風水先生有懷疑。因爲，如果關係於祖墓，則新科狀元的祖父共有兄弟三人，理應三人都是使用左手才對；然而，老二老三兩人，因不是在這大屋裏出生的，便不用左手；那末無疑這使用左手的毛病應出在住宅不在祖墓無疑。這一決定，他就決心在這大屋裏找毛病。

前後風水先生共請過五人，通力合作，決意非找出毛病不可。從秋天過了冬天，花了半年的時間還一無所獲，莫名其妙。風水先生五人共同決定要等到春季雨水來臨之時，再來觀察。因爲那時沒有大雨，風水之事上看「風」，下看「水」，「晴看日晷」，「雨看流泉」，他們決定暫告一段落，過了年關之後，等到明歲雨水來臨時再來。

果然，第二年春天五位風水先生都一齊來到。不久，雨季來臨。剛好有一次連下五天的大雨，五位風水先生冒雨帶了羅盤針等分向東南西北中五個方向去追龍截脈。

經過了五天的合力研究，終於把毛病找到了。原來這大屋在建造的時候，由後座到前座曾在地下開兩條左右平行的陰溝，這兩條陰溝在前座天井的左邊走廊下面滙合，再向圍墻左邊的狗竇底下出水。此種「出水」的陰溝建造，也是根據當時的風水作的，因爲此屋後座右邊倚傍山崖，崖上有兩道小流泉下來；「泉」就是「錢」；「活水」從天上來，暗中從後座進入前座，即係「聚財」之意；家狗本係守財之畜，從狗竇下出水，表示財源「暗進明出」，且經「積聚」，「持守」之意。

這新科狀元三代的家運財運也確是如此，財源暗進明出，曾經積聚，也都經享用。

但有一個在建屋時工程上的毛病，在後座右邊的陰溝轉向左邊的轉彎處，遺下一塊磨刀的小刀石，致使右邊陰溝暗中受阻，流暢不快；小雨無妨，每當大雨，則陰溝滿溢。

這情形過去以爲這是大雨時免不了的事，想不到陰溝中有毛病，更想不到因此住宅有毛病，而會造成在此屋懷胎出生的人而有右手不善執箸的缺點。

據風水先生解釋，這兩條陰溝乃象徵左右手，右陰溝暗中小阻塞，故有此小毛病。於是根據風水先生的說明，並將百多年前所遺下的刀磨爲物證，一面再由族人鄉里上稟，請求本府知縣知府派員調勘屬實之後，再奏請皇上，證明新科狀元的使用左手，確係住宅風水關係，而非其母有虧母教。皇上聞知此事，大爲驚異；而新科狀元的寡母也幸而得蒙贈封了。

這一事實，乃含有「人文地理」的關係，人體原有地理性，此種情形在理論上是可能的。

過去我們所知道的關於風水之事，陰宅多於陽宅；因爲我們的活人住宅，如果能夠依居家的常識去建造房屋，很少有風水的毛病，這就是說，住宅的風水已經常識化了。當然，除了這常識之外還有所謂「穴道」，所謂「風煞」之類，那是另一個道理不是我們之所能明白，要由風水先生去鑑定了。至於死人葬地的陰宅，我們自己既不是死人，沒有住過墓，當然沒有陰宅如何建造能使死人的遺體下葬之後有「安適」的常識，所以非請教於風水先生不可了。

因爲我們的身體旣係祖先的「遺體」，就我們所知的，其中有「血統」關係，又有「遺傳」關係；有血統關係，就有「感應」作用；有遺傳關係，也就有「傳導」作用；因此，祖先的屍體如有因風水關係而有特別「變化」情形時，都可能對我們有感應或傳導的作用，那是合理的。舉個我少時在鄉下所親眼見過的事實來說，便可證明。

鄉下有一家姓柳的，家裏的男孩子，個個身體生來就是很衰弱的。有的未足月就難產了的，有的一出世就夭折了的，也都是男孩子，從來沒有發現過女孩子或女胎有此情形的。這在鄉下，叫做「男丁衰」，也承認這是關係於宗祖的遺傳或是墓地的風水關係。也曾請過好幾位風水先生看祖墓，也曾依他們的說法把墓道上某些地方改建過；但仍然是那種情形，一點沒有用處。

這柳家爲了這事花了很多錢，在祖墓上、住宅裏，想改變這不吉的風水。有一年他由人介紹，從江西請來一個有名的風水先生。這風水先生的確很高明，他跑到墓地上一看，就看出毛病。他對柳家說，此墓乃「養屍」之地，非立即遷移不可。「養屍？」這是多麽可怕的事啊！因爲全鄉多年來注意柳家「男丁衰」的事，所以經這風水先生一說，這消息便立即傳遍全鄉了。

柳家這墓地是五十年前就建造的；其中埋葬了三代三對夫婦，即柳家的曾祖父母，祖父母和父母共六人，而父母埋葬至今也大約已有二十年的日子了。據看風水的說，此墓的「養屍」之地只有一壙，也就是柳家父親這一穴壙，因爲這一壙穴不在當中，是在左外邊，所以一般的風水先生就容易把它忽畧而看不出了。

這樣說法，如果沒有十分把握，實在很冒險；因爲說別的風水毛病，無物可證，改造墓地也花錢不多，不靈了也要等過好久才能發覺，現在既然斷爲養屍之地，而且要把墓中六個骸骨都要執殖起來移葬他地，不特花錢既多，事情也大；而更重要的就是：所謂「養屍」，那就是裏面的屍體還沒有化掉的，如果開掘起來並無此事，豈不是要大鬧笑話了嗎？然而，這位風水先生却敢大胆地斷定此墓爲「養屍之地」，非開掘觀看屍體證明不可，這就是一件太不尋常的事了！

風水先生既敢這樣斷定，當然十分有把握，柳家自然也相信他的話。至於「養屍」之地，何以對他的孫輩身體有害，而且只對男性的不利，這又是什麽道理呢？據風水先生說，這因爲只有柳家父親一棺之地是養屍之地，屍體在墓裏，既沒有東西養它，何以它會埋下二十年了還不腐化呢？原因就是由於血統關係，使墓中的屍體與家中的胎兒有了「一體」的感應和傳導的作用，吃取了胎兒身上的血肉，作爲墓中屍體的營養了。因爲被養屍的是祖父，所以被影响的是孫子不是兒子；又因爲被養屍的是男人，所以他所需要營養的也是男性身上的血肉，不需要女性身上的血肉。這話在生理學上也有理由，說得通的。

不管話怎麼說，總不過是一句話而已，而最重要的就是墓中到底是否有「養屍」這眞的事實。

如果開棺一看，眞的柳家父親的屍體埋了廿年而還未腐化的話，那一切的話就不管說得通不通都要相信的了。於是，不特柳家全族的人關心此事，就是全鄉的人也注意這事了。大家都在等待開墓視看這奇事。不過，在開墓之前，還要先建造新的墳墓；因爲，據說，凡是從養屍之地掘出的屍體，必須於出土的當日就要把它埋葬；否則，如在出土時空中遇到妖怪或新亡的鬼魂經過，可能立即活起來成爲僵屍的。所以他們事先得築好新塚，才能開墓移屍。而且事先預備好了三隻執殖骸骨用的瓜甕，一具棺木，這棺材就是用以移殮那被養屍的屍體的。

本來，屍體歸土之後，快得只要三五年，就會腐化到只剩下枯乾的骸骨；如果放在墓中壙穴裏，不直接埋入泥土中的，腐化的時間較長，就要七八年才能皮肉化盡。

現在柳家的父母都入墓二十年了，早已化爲枯骨，那是毫無疑問的，而風水先生竟然叫柳家備好一部新棺材，作爲移屍之用，說是墓中的屍體雖然完全未化，而棺木底板却是腐爛了的。風水先生而且預先說明，墓中的屍體可能有可怕的形狀，因爲經過了二十年的養屍，總有奇形怪狀的變態。

開墓那天，看熱鬧的人本來很多，但因風水先生和柳家人不欲那養屍太多人看見，所以禁止女人和小孩們走近墓門；至於喜歡看熱鬧的鄉下大人們，誰也無法禁止他們的。

我那天雖然也跟着家裏大人一道去，但因不能走近墓門，只得和幾個小孩爬上墓邊一棵樹上，也剛好可以望見墓門。

這樣，雖然稍遠一點，而居高臨下，小孩的眼力也好，爬上樹的小孩們，也都開心了。

養屍之地的墓在左邊壙中，他們先把墓土掘開，預備先把養屍的移葬之後，慢慢的再去執殖三付骸骨。掘開壙穴之後，黑色的一具棺材漸漸露出來了。棺材已經褪色了，也有些鬆散的樣子；但我們却沒有聞到什麽臭味。

還有一事說來實是使人可怕的，在棺材還未全部露出之先，掘土人的就拿了一個和大人差不多大的草人，外面穿好紙衣，頭戴衣帽，兩手分開，作阻攔的樣子的，把它立在棺材正對面約距二三丈的地方。據說這是預備棺材裏的養屍，萬一於開棺時變爲僵屍的話，他就會從棺材裏直立起來，又會筆直地走去，而且必待有東西被碰到抱住，才會倒下去，所以預備這草人，給僵屍抱住用的。當這草人被立在地上時，在墓邊看熱鬧的人，沒有一個心中不緊張萬分的。

一會他們在準備開棺了。有兩個人一個站在棺材頭那邊，一個立在棺尾這邊，兩人手中對牽着一塊和棺材口差不多大的黑布。因爲棺材蓋經過廿年的時間已經鬆了，有兩個人手拿長柄鐵鍪，也分立於棺材的首尾方向，準備把棺材蓋打開。起初我們以爲把棺打開之後，將屍首用黑布一包就算了。事實不是這樣簡單。

當「拍」的一聲棺材蓋被揪開落在一邊時，說時慢，那時快，他們迅速就把黑布蓋上棺口。此時墓上工作的人們，都萬分緊張，一點聲音都沒有，黑布一蓋上，大家都快步跑到起棺的上邊躲避一下。原來他們深怕僵屍會立即起來，這黑布就把它蒙住了的。

僥倖那養屍還不曾變成僵屍，大家鬆了一口氣。於是他們就把新的棺材抬過去，準備收屍了。先由風水先生過去，用力把那塊黑布一拉，「哎啊！」大家一聲驚嘆，立即把寂然無聲的山中都震動了！

我們幾個爬在樹上的小孩子，胆大的馬上跳下來，有的奔到大人身邊；有的直奔山下回去了。也有一二個胆小的，怕得的跳都不敢跳，就在樹上掩面大哭。

原來棺材裏面的養屍，不特面上色氣和活人一樣，頭髮鬍鬚都長了很多；而最可怕，那嘴唇下面長出了一口白牙，眞是白天看見活鬼了。不特我們小孩子看怕了，不少大人也怕得不敢再看，向後轉下山去了。

後來據大人們看得清楚的回來說，養屍身上不特鬚髮牙齒會長出來，手脚的指甲也會長出來的。站在較近的地方，他們也聞到一股好像動物身上的羶氣。移葬時，也把那隻草人帶去壓在棺上一起埋葬，因爲那草人身上原有符咒，據說這樣做可以把養屍壓壞了，不會變爲僵屍的。

風水之事除「養屍」地之外，還有一種叫做「風沙」地，那奇妙的事情，比養屍還難於解釋的。因爲養屍地還可以用壙穴中的空氣眞空，所以屍體不易腐化；或是土壤中含有某東西可以保持肉體的理由加以解釋。

至於「風沙」地，那就沒有理由可以解釋的。那事情也是我少時看見過的，隣鄉有一家姓胡的，是有錢的人家，鄉人都說他家裏財產是「草字頭」，也就是上「萬」元的意思。從前用的是「銀元」，萬元以上的財產，在鄉下算是大富翁了。

鄉下有錢的人家，最明顯的有兩件具體的事實：一件是建「房屋」；一件是造「吉墓」，即人未死先造墓。這胡家當也不會例外，他把自己夫婦連三個兒子和媳婦的吉墓都做好了。

造墓原有兩種，一種古老式的也是先埋葬後造墓的，叫做「實壙」；一種是新式的也是先造墓後埋葬的，叫做「虛壙」。實壙的就是把棺材直接埋在泥土中，有的在壙底舖一層木炭，據說這樣可以把尸體的水份容易吸收，容易枯乾；有的說這是用以疏導墓土中的潮濕，不讓尸體被浸在水中。

此種實壙的墓叫做「朝天葬」，就是在墓地下掘好比棺材頗大一點的壙穴，然後把棺材放進去，再把泥土蓋上；之後，再在上面築成墓形。北方民衆大都是此種墓，比較簡單。而現在先做吉墓的人少了，一般也都是此種墓了。

至於虛壙的吉墓，是事先計劃將來安葬幾個人，最大的是八壙，前後各四壙，埋葬時棺材不是由墓上放進去，而是由墓門推進去的。此種吉墓還有兩個特點：一是墓上有靑石的墓牌，把將來要葬在此墓中的人名字都刻上。既然把活人的名字刻上了，那末這墓地的風水好壞，就會對活人起有作用了。這吉墓又叫做「壽穴」或「壽域」，據說，如果風水好，還可以使活人因先有此墓而得到增福添壽的。

此外還有一種說法，說是從前有的人家，築好了壽穴之後，空壙裏面忘記放進生人的生辰八字之類的東西，會發生過兩種奇怪的事：一種是，因爲壙中空無一物，就等於無主之地，如果山中有的古墓被毀，那無墓的孤魂，就會跑到空穴去受那好風水的。也會發生過狐狸妖怪之類，喧賓奪主地不只佔據了墓塚，還會作祟的。

另一種是，如果鄉中有與此墓的墓碑上同姓名的人，則此人是活人也好，是死人也好，都會對此墓的風水發生關係的。因此，凡是築好壽域的，在擇吉封上墓門那一天，必將生人的時辰八字用紅紙寫好，放在空壙裏，還要在壙中陳設香爐燭斗以及某些五金僻邪禳煞的東西，用以壓凶招吉的。

據說，那胡家自造好吉墓之後不久，家人先後發生一種頭偏痛的怪病，此病本是通常的病，原無足怪；而胡家的痛却有些奇怪。

有一天他們家裏有幾個人同時發生此病，是左邊額角偏痛，而且是劇痛。起先以爲是中毒，但其他家人却沒有此病，劇痛二三個鐘頭之後，又突然大家一齊痊愈不痛了。這就不能不認爲怪病了，醫生也說不出什麽病，止痛的藥也毫無用處。

經過多次發病的情形加以研究之後，發此病與吹季候强烈的西北風有關係，今天一吹西北風，頭就會痛。既然與西北「風」有關係，就想到莫是「風濕」病。但風濕病中年以後的人才有，而他們又多是年青人，這又使他想不通了。到底這是什麽病呢？

有一天胡家的頭痛病又發作了。他們都知道外面又是吹西北風了。那天季候性的西北風吹得特別緊，呼呼的風聲也聽到了。胡家的男男女女也個個都因頭痛病倒了。本來他們家裏大小上下一共有二十四人，平日是分三桌吃飯的。

那天因爲頭痛病發作，少了幾個人吃飯，就只開兩桌飯。鄉下用的大方桌叫做「八仙桌」，每桌定規是坐八個人的。那天少開了一桌飯，剛剛病倒了八個人。由於病倒了八個人，就聯想到那座古墓也剛是八壙。胡家家長胡天與，一想到這裏，「哎呀」一聲，他把病倒的八人一算，原來就是自己夫妻一對和三雙兒子媳婦一共八人，也就是古墓上墓牌所刻的八個人。於是他想到這毛病也許出在那墓上面了。

本來古墓裏沒有埋葬過人，平時不會想到有風水關係的；現在他根據家裏別的人都沒有這怪病，偏偏是這墓牌上有名的八個人患此病，而且病得這樣奇怪，除了風水關係是沒有理由可以解釋的。於是他就去請風水先生來看了。

果然，經風水先生一看，就看出毛病來。原來這座壽穴，犯了所謂「風沙」煞。這風沙有好幾種，把它可分爲三類，就是「死煞」、「災煞」和「病煞」三類。而現在胡家所犯的煞是三煞中最輕的一種，只是西北風起才見病；有的病煞，如「痲瘋煞」、

「血漏煞」、「流產煞」和「癆瘵煞」等，墳墓或住宅一犯此煞，家人中就必不斷地有患此病的人。好在胡家墓還沒有埋過人，如果埋過人，則在第二代的子孫身上就會有此病的遺傳性了。

又據風水先生說，這風沙煞的方向有四種，即「東南」、「西北」、「東北」和「西南」四向，也各有其名稱，其中以「西北」和「東北」兩種比較厲害。據他說，由於墓地的座落方向關係，這西北煞是從墓的右邊吹來，所以壓偏了左邊，因而發生左額角偏重的病象，西北風一停，病也就好了。

胡天興就問他，何以沒有一個患別的病，而八個人偏都是在左額上發病呢？看風水的說，這是由於墓壙中東南角上有了被風沙所吹的東西壓住了的。他說，這道理可能不會使人相信，但等到把墓門打開一看，就會大大明白的。

因爲我的二舅是相信風水，也對風水之事有興趣的人，他打聽到胡家墓犯風沙以及何時開墓門禳煞之事，那天他去看，也帶我一道去，所以那天我也目覩那奇怪的情形。

壽穴的墓門都是正方形，大小的尺寸大約比棺材大一倍，門也都是用整塊的青石或白石製成，上面刻上一條龍，或刻有福字的。

古墓建成之日，必要舉行上墓門的祭禮，上墓門時，墓壙中還要焚香點燭；這是造墓的唯一的一次吉事；以後再開門上門，那就是喪事了。那天胡家墓的開門算是例外，所以開門上門都經過道士爲他祭禳的。

墓門開後，道士前行，風水先生其次，墓主胡天興第三，還有其他的人帶着掃帚之類，約共五六人，就彎着腰進入墓中去了。我是小孩，當然不許進去；二舅却也進去了。我在墓門口看動靜。

一會他們出來了。奇怪的，先從墓門口出現的並不是人，而是一大堆垃圾，從墓壙中被他們掃除出來的。

這一堆垃圾什麽都有；小的自縫衣的針線，而剪刀、樹葉、樹枝，乃至小脚女人的綉鞋之類；大的如爛椅，店舖的舊招牌，神廟裏的大燈籠之類，可以說是應有盡有的大垃圾。我少時也不懂這到底是什麽一回事。後來聽二舅回來和大人們談論此事時，才知道這些東西都是因爲犯了甚麽「風沙」煞，石墓門關得緊緊，而能從外吹進去的。

最奇怪的是裏面有店舖的照牌一面，是距離六里外的一個鎭上店舖所有，是兩年前吹西北風的颶風時被吹去遺失了的。那一隻神廟裏的燈籠，則是十一里外鄉鎭裏的東西。這「風沙」到底怎樣把它吹進去，眞是奇妙得不可以理喻了。據二舅說，八壙的大墓，裏面相當寬廣。所有這些垃圾，都被吹積在墓穴中的東南角上，也像風水先生所預言的一點也不錯。

這奇妙的事實，我雖然少時曾經目覩，但至今除了在堪輿書籍上所說的「風水」理由外，實在還沒有什麽科學可以解釋的，可惜現在此事已漸少人相信，也沒人肯去研究；否則，這裏面可能有寶貴的科學發現也不一定。

後來墓主胡天興就依風水先生的指教，在墓地的西北隅，建立一座擋煞的石排坊，又種了一些樹木，從此後，果然一家八人的風煞頭痛病不再發了。風水之事不信它固然可以，若說沒有此事，這又明明是事實，安可盲目的否認呢？

又據這位風水先生說，若干年前他看過一次犯「痲瘋煞」的，說來也很奇妙。浙江温州有姓廖的一家，若干代來，每一代都有一人患痲瘋病的。本來，這可以說是遺傳的關係。但如果是遺傳，就不能這樣有規律性每一代一個。既然有規律性，就必有規律性的理由。而且這個每代一人的痲瘋病者，必定是男子，從未發現女子有染此病的；這又是一種不關係於遺傳的理由了。

此種情形若依風水的理由，唯一的解釋就是祖墓上犯了「痲瘋煞」的，若是遺傳問題，那是無可救藥，只有隨它自然發展，可能加甚，也可能不藥而癒的。但是，若說關係於祖墓的風水，誰也都想把這風水改造的。

廖家自然也和一般人一樣，長年請了一個風水先生，去踏看廖族遠祖的墳墓，在可能的範圍內，把遠祖在浙江省內的墓地都看過了，並沒有犯「痲瘋煞」的。

後來由族中有一個讀過大學社會調查一課的，也任過中學校長的，他知道「遺傳」和「世系」的道理，想到一個問題，那是廖家的世系問題。他想查明自己的世系。

這位廖先生，爲了解決這個重要的問題，暗自進行調查廖家的族譜。結果，他發現自己這一支派，原來遠祖是「甥立舅嗣」，而其本家則是皖南姓彭的。於是他就設法與皖南那姓彭的族人連絡，也查得了彭姓的遠祖墳墓所在地。接着他就陪同風水先生前往安徽休寧縣斗山地方去看那彭家的祖墓，原來因爲那古墓年代久遠，早已無人祭掃了。

從這古墓的碑石可以看出，這古墓就是那位「甥立舅嗣」父母的墓，墓有四壙，而碑石上則有五個名字，就是除葬在墓中的父母和長子及媳婦四人外，還有一位寫明「次男某某出繼」等字樣，這是因爲古時生子及出繼都要在族譜中載明，所以雖然自幼出繼給母舅爲嗣，在墓碑上也要載明的。

經過風水先生看出，這墓風水應是「單傳」，每支每代只能生一個男子，而其所犯的「痲瘋煞」就在這父親的壙位上，所以廖家患此病的都是男子，並無女子。又在彭姓族譜中查出，那位仵葬的長子，確然數代單傳；又不幸有一代因患痲瘋病，被族人活埋，因而絕嗣了。

自從長子絕嗣之後，廖家才開始每代有一人患痲瘋之事；這就是說，這痲瘋煞與「單傳」的風水混在一起了，如果這出繼姓廖的屍體也埋在這本生父母的墓中，也一定是每代單傳的，後來就把這古墓中的父親骸骨起出，移葬於古墓山上的乾燥地，而廖家那時候起，每代一人患痲瘋之事也就沒有了。

據對風水之學有研究的人說，所謂風水就是「地理」，所以有的稱風水先生為地理先生。看地理就是看地形、山勢、土脈、風方和水法等的形象與順逆，地理也和人體一樣，人身有貴賤的相貌，山水也有貴賤的形象。所謂「地靈人傑」，其中有兩種道理：一種是科學的經濟地理和文化地理關係。稱為「地靈」的所在，大都是大都市或是風景區的地方，經濟狀況和文化水準必然較高；因而使生長於此地的人受到較優的生活和教育，便有成為「人傑」的機會了。這就是今日科學上之所謂「人文地理」。

另一種則是風水的靈氣，地理和龍脈地理關係。這裏包括科學家的「天文地理」和「地文地理」，而更重要的則是具有風水作用的堪輿地理。其中基本的因素就是屍體埋尋得到「福地」，使子孫因而「發達」；而「山明水秀」則是另一理由。

前面所述的關於「痲瘋煞」的事，據精於地理風水的說，與土脈和水法大有關係的。

依中國痲瘋病的傳佈地區說，東南之地多有此惡疾，而西北則無，就地文地理言，乃由於地形勢高燥與低濕關係；而就堪輿地理來說，則由於山龍與水龍的「敗地」。在痲瘋煞上所謂「敗地」，就是此地宜通風而偏「悶氣」；此地宜乾燥而偏「積水」之類。據說從前有人曾利用風水關係，暗中破壞仇敵的風水，致使其家人發生痲瘋病。

浙江温州有個姓宓的古墓，被稱爲「宓家墓」的，從前是一個好風水的墓。據說在宓家墓未築之前，對面山上有姚家的墓，風水先生稱它爲「財丁兩旺」之地；姚家子孫發達，每房每代最少要四個兒子，而且各房也都發財。因而宓家就請風水先生選擇要像姚家的墓地。風水先生原替他選了一個地方在姚家墓的左上，地主是姓彭的，宓家就把它買定了。

據說這地方將來建墓，其風水之好，當在姚家墓之上。姚家聽到這消息，就也請一個風水先生去踏看。風水先生就說，如果此地被人建墓，則姚家墓的風水就會被壓住。於是姚家就聽風水先生的話，就向彭家購買那一塊山地，那塊山地就在賣給宓家那塊墓地的正上面；也就在那裏種了五棵大樹，開了一口糞池。據說，這是可把那墓地的好風水破了的。

果然，到了第二年宓家想開工建墓，由地理先生去定向時，發現墓地正上方被人種樹開糞池，就知道這風水被人惡毒破壞了。因為據地理先生說，這預備建墓的地方是青蛙穴道，墓地正在青蛙的腹部，他們種樹開池的地方正在青蛙的脊背上，因而腹部的風水就完全被宣洩，被破壞了。

起初以為有人也識看風水的，有意如此擺佈，認定宓家建墓時必定肯出高價買下那塊地，好賺一筆好地價，於是宓家就向彭家商量再把那塊地買下；但是，據彭家說，這塊地去年已買給姚家了；也聽說姚家為着姚家墓的風水關係，所以在那裏種樹開池，這樣一來，宓家知道那塊地已無再買回來的希望了。

果然，經過幾度情商，都被姚家所婉詞拒絕，於是宓家受了這一氣，把那墓地棄掉事還小，而失掉那上好的墓地實在氣不過了，於是他們懷着報復的心情，就與地理先生商量怎樣出這一口氣。當然那位地理先生自己也是生氣的。他們在這氣憤情緒之下，極力在姚家墓附近一帶找龍脈，想總要找一個比姚家墓更好的墓地。不久，果然找到了好山龍，就在姚家墓的對面山腰上。

奇怪的，宓家墓建成後八年，姚家人才發現，自宓家墓建成第二年之後，姚家各房人口開始不安，幾乎每年都有「少年亡」之事；姚家一共五房，每房也都有一房生意失敗破財之事。因此他們就懷疑到祖墓上的風水是否被宓家墓所破壞了。因爲宓家村距離姚家村有十里之遙，平日各不相識，於是姚家就向各方面打聽，果然，據宓家村附近的人都說，宓家自新墓建成之後，財丁兩旺。姚家聽見了這消息，自然要去請教地理先生了。

起初，雖然地理先生也到過宓家墓上去看，但看不出有何對姚家墓風水不利地方。但有一點使地理先生懷疑的，就是依地理先生所看，宓家乃一塊極平凡的地土，何以宓家會有財丁兩旺的事情呢？

地理先生踏看宓家墓之後所發生的疑問不能不求解答。因爲他認定，如果照他所看的龍脈來說，宓家墓的風水既是平平，就不該有自此墓建成之後而有「財丁兩旺」的事實，既有此事實，就必另有其理由。這理由只有兩點可以解釋：一點是，埋在宓家墓中的人，生前有積德之事；二點是，暗中偷吃別人的風水。依他們所了解，埋在宓家墓中人，平生並無積德之事；那末就必定靠着偷吃別人的風水了。如果偷吃別人的風水，那無疑是偷吃姚家墓的風水，因爲姚家墓原是好風水，一向財丁兩旺，而且自宓家墓建後，姚家才開始財丁兩損，這是無可否定的事實。

經過一年多的時間，由三個地理先生會同研究結果，確定這姚家墓的風水被宓家偷吃去，當在兩山之間也就是兩墓對面之間的窪地上水溝有問題。因爲據調查，那窪地裏的水溝，原是唐家的，宓家建墓時才向唐家買去，又把原有的水道改建成現時的水道。既然這水道經過改建，當與風水有關無疑，而此水道又正在兩墓相峙之間，當與兩墓風水有關無疑。事實上，自此水道改造之後，姚家的「財丁兩損」，換爲宓家的「財丁兩旺」，這又證實了宓家墓是靠這水溝偷吃了姚家墓的風水了。

但是，這三位地理先生雖知其然而不知其所以然；因爲這三位地理先生都是南方多山的地理先生，只精通山龍地理，而對平原地理的水龍風水却是外行。於是姚家就託北方朋友請了一個對平原地理有經驗的風水先生來幫助。原來在我們南方，風水以山脈即所謂山龍爲主，在北方地多平原，沒有山，其葬地的風水就以水道即水龍爲主了。

奇怪得很，這姚家墓一經北方地理先生一看，就看出毛病，原來那宓家墓所改建的水道，名爲「彎弓抱穴格」，也就是靠這「彎弓」的水龍，把對面姚家墓的好風水「轉彎」過去了。當然裏面也帶有「暗箭傷人」的作風。

經過這位水龍學的地理先生斷定，姚家墓非遷移不可；若不遷移，二十年之後就會變爲每代「單傳」之地，就是每代只能生一個兒子。因爲那水溝是宓家之地，無法改造，所以除把墓地遷移之外，沒有別的好辦法。

雖然姚家人心裏明白這是以前破壞宓家風水的一種報復，但對宓家如此做法自然也難免憤恨之心。爲着不使宓家知道遷墓之事，就偷偷地把祖墓中的骨殖移葬了，仍將墳墓保留，也可以保持連里各鄉所熟知的關於姚家墓好風水的美譽。

說來眞是奇怪，風水之事不特妙不可言，也實在太有趣了。宓家自宓家墓建後財丁兩旺，一家人自然皆大歡喜。十年了，財丁二事仍然如意。十一年，發生一件不愉快的事，有個初生的嬰孩，身上竟有痲瘋的疑症。

痲瘋！這是何等可怕的事！後來這小孩子養到兩歲了，經過許多醫生醫治不好，被斷定爲確係痲瘋惡疾之後，便忍痛把他活埋了。這是宓家墓建後第十三年的事。以後，第十五年又發現一個，第十七年又生一個，就是每奇年宓家必生一個痲瘋的嬰孩。這就不能不使宓家族人驚懼了。每兩年都要活埋一個小孩，這是何等痛心而殘忍的事啊！

像這樣的事，鄉下人總是想到風水方面去的。風水只有陽宅與陰宅兩方面，宓家的住宅既係明朝的祖屋，本宅和屋外都沒有什麽變動，自無風水變遷的可疑；而值得可疑的便是墓地了。因爲族中的長輩，都知道那墓的好風水是偷吃姚家墓的；既然偷吃別人的風水，做賊心虛，就敏感地想到也許被對方所發覺，也被他們暗中破壞了的。

著名的地理先生又被請到宓家村來了。先看陽宅，老屋並無毛病；後看陰宅，宓家姚家兩墓依然對峙，山龍水龍也都沒有變化。由於從前建墓時的那位地理先生已經去世了，他的孩子雖然接替了看風水的父業，因爲年歲輕、經驗少，以先沒有把他請來；後來由於幾位地理先生都說最好能夠請問那位建墓定向的先生，當時有無其他的巧妙，便可從而尋找內中的秘密；於是就去把舊地理先生的兒子請來了。

這位小地理先生雖然年歲青青只有二十多歲，由於他的父親生前精於「改造」風水，所以他對於陰陽宅風水的突然變化，頗有家學淵源，特具慧眼。他看了宓家墓和姚家墓之後，回家把父親生前手記翻出一看，知道了當時宓家墓是用「彎弓抱穴格」的水龍偷吃了姚家墓的風水的。

他自然不會把此中的秘密告訴其他同道。他只對各人說，依他的秘傳看法，這宓家墓風水突然變化的毛病，是出在姚家的墓中，非設法開啓姚家墓的墓門進去看看不可。

這是一個大難題。不特宓家長一輩的人，心中明白，就是幾位同道的地理先生也同樣認爲這是一件辦不到的事；因爲誰也不肯把自己祖墓的墓門無故打開給別人看風水的。尤其是年長一輩的宓家人，更明白與姚家素有爭風水的仇恨，萬難辦到。然而，這事如果辦不到，就無法解決這風水問題。

怎麼辦呢？宓家爲了解決這個重大問題，就想了一個辦法，他們僱了兩個開墓門的工人，約好地理先生，利用一天降大霧的日子，跑上姚家墓，準備把墓門打開一看。

宓家人跑上姚家墓這是初次。他們心目中的姚家墓，一定是一台非常有光彩有陽氣的古墓；但當他們上山一看，却大吃一驚，原來像一台年代久遠的荒墳。

依鄉下人看風水的常識，凡是好風水的墳墓，不特每年必有子孫祭掃，修葺乾淨；就是墓上的泥色，也是帶着光彩的深灰色的；而現在的姚家墓呢，竟然褪色到像一堆荒土！

姚家墓原來是一台八壙的大墓。依墓碑上的年月日看，還不算是古墓；最少的一代，可能還未進壙，何以這墓好像好久沒人來祭掃而像是荒塚呢？宓家人正在疑惑之時，不覺兩個工人已把墓門打開了。於是他們點着燈籠向墓門爬進了。

「哎啊」一聲，第三個工人看見前行的那個工人先滅了燈火，然後無聲地倒地；就驚叫一聲，把倒地的工人邊拉邊退，走出了墓門立即把那工人救醒。原先，他們當然都已知墓中有迷魂鬼，後來他們研究，因爲他們進去時都聞到一陣好像糞便的怪味，就認定那只是墓中的沼氣作用，不是鬼魂作祟。

他們早也帶了一束竹香，預備入墓時或許不能燃燈需要改用香火的；於是就把墓邊的竹樹截下一枝，將燃着的一束竹香，綁在竹竿上面，向墓中搖動香火，看看裏面是何情形。這一看，他們怕了；原來墓中空無一物，把棺材都移去了。

「爲什麼？」其中有一位地理先生這樣驚奇地問。

「是的，我知道！」那位年輕地理先生這樣答說：「他們知道風水被人偷吃去了，所以把棺材移去了！」

「那末，裏面必有別的東西，才能破壞宓家墓的風水，使他們犯了瘋瘋煞。」另一個地理先生似有所會悟地這樣說。

「是的，裏面必有東西，但不知是何物。」年輕地理先生如是說。

因爲知道了姚家已把此墓作爲荒塚了，開墓門之事就不怕他們了；於是就把山上枯枝落葉堆進墓中，燃起火，墓門也開着，預備給風吹一天之後，明天再進去。

果然第二天他們進去時，發現墓中正壙處，當年把棺材他移後，被掘開一口糞池，並曾傾入約十担之多的糞溺。想當年姚家人，因爲風水被偷吃了，也知道了宓家墓乃用「彎弓抱穴」的水道龍脈，把姚家墓的風水偷去了；於是就氣憤地在墓穴中作此怪事，意思只是要對方也偷去這臭風水，起初也不知道這樣做會使宓家每隔一年會生一個瘋瘋的小孩的。

本來這毛病既然找到了，可以再把好風水改過來的；但因一則這墓地是姚家的，無法買來改造；二則，由於十担糞便經過這許久的年月，已深透地下了，改也恐怕改不好的。所以宓家爲着避免痲瘋煞，也只得像姚家當年一樣，把墓地移到別處去了。所以至今那兩座古墓仍然對峙在荒山之上，作爲當地有關風水之事最神奇的談資。

關於墓地風水的形成與變化，有的屬於天然的，有的屬於人爲的，當然以天然的爲主要，人工只能作爲補助改造之用。像上述宓家墓所作的「彎弓抱穴格」，也是利用當時已有現成的格局才能把它稍稍改建，而不是在平地上完全可以用人工做成的。

至於天然的形成與天然的變化，清末時安徽省也有過一件墓地風水的故事，曾爲當時膾炙人口的妙趣，現在也把它說說，亦足見天地造物的奇妙之處。

安徽太平縣東南有一座古墓，當前清光緒末年被人發現時，根據墓碑上所記載的是道光年間所建造，已有一百多年的歷史了。當時因這古墓被盜乃被人發現，墓是明朝式的兩實四虛的六壙。從那墓的建造看來，可知此墓是經過前後兩次建成的；同時也可以看出，前兩個實壙是上一代先埋進去，後四個的虛壙是後建的。後來調查所得，這墓原來是道光年間當地大鄉紳鄒家的墳墓，墓中所埋的人是三代六對夫妻。因爲受地勢所限，只能建造六壙，所以只備三代長房夫婦之用，次房三房則在別處另築支塚。

當光緒末年時，因鄉人有一天發現鄒家古墓被人盜竊，墓門被鑿開，棺材被翻倒，就報由當地官署追究。這百餘年的古墓，早已無人祭掃，何以還有人去盜竊，也還有鄉人如此關心呢？因爲這鄒家第二代鄒大元曾中過武進士；而且是一個當地有名的急公好義的慈善家，對當地窮苦人家多所接濟；所以連里各鄉對這鄒家古墓都很愛護，雖然他的後代敗落了，鄉人不時也還來打掃修葺的。至於當地官署所謂「鎮衙」之類裏面的吏卒，也大都知道這鄒家墓的故事的。

據說鄒大元是一個遺腹孤，他於父親死後八個月才出世。父親是個窮苦的農民，死時沒有棺材，由族人和鄉里用舊木板做棺材，非常草率地當日就把他埋葬在荒山公地裏了。更不幸的，鄒大元出生後才十五個月，母親也死了，同樣也用舊木板做棺材，和她的亡夫合葬在荒山上。

從此後，鄒大元是個無父無母的嬰孩，由他的族人代爲收養。當然他比所有的窮家之子更不如，因爲他是自幼被人收養的。

鄒大元自幼就聽熟了族人告訴他關於母親的遺囑，就是要爲他父親建造墳墓。原來鄒大元的母親，因爲眼見亡夫死時收殮太草率了，於心不安；當時她知道自己身中有孕，滿心想將來把這孩子教養成人，當爲亡夫建造陰宅。想不到自己在孩子還沒有斷奶就去世了。

死的時候她什麼話都沒有，只對族人留一句話，說：「請告訴這孩子，將來長大成人，要替他父親造墓！」

當時她未曾想到自己也和亡夫一樣草率入土。但她似乎有信心，她的孩子將來會有能力替他父親造墓。其實，爲先人造墓一事，在貧窮的鄉下人心中，比建屋更難的事；所以鄉村的荒山上，大都只是一坯黃土而已！

「有其母，必有其子！」鄒大元有這樣忠心善良的母親，果然還未滿二十歲，就打算替他父母造墓了。因爲父母早已埋葬了，就只好做實壙的墓。當然也說不上看什麼風水了。由於他是一個鄉村中有名的有志青年，有一位地理先生趁着上山訪龍之便，義務的替他看看墓碑的安放位置。奇怪的，地理先生打開羅盤針一看，無意中竟然看出好風水來了！

這位地理先生打開羅盤針，跑到墓地的前後左右細看，就自言自語地說：「眞是福地福人埋！」

他又拍着鄒大元的臂膀說：「你的父母算是福人了；他倆已得到穴道了！」

「什麽穴道？」鄒大元笑笑地問；因爲鄉下人對於風水之事都有所耳熟，「穴道」是大家都知道的乃說好風水的「成形」地穴，但他不知道地理先生剛剛所說的穴道是什麽穴？

地理先生就替他講解說：「這是叫做『武士佩劍』格，將來子孫必在武事上有功名的！」

鄒大元聽了又笑笑地說：「不要說什麽功名了，我只希望有幾畝良田夠自己耕作就好了！」

地理先生又說：「小弟，你不要小看你自己的！論理，你是遺腹子，你父親死後八個月才出世，這功名可能就在你身上的。」

「眞的嗎？」鄒大元說：「我絕不敢相信！」

雖然鄒大元因爲年輕，還是對於風水之事沒有人生的體驗而不感十分興趣；但因做墓之事有關他的父母陰靈的安寧，就不能不聽地理先生的話，所以後來他就依地理先生的意見，把父母先做實壙的墓，留下四壙等待他日有錢時再建虛壙；因爲建虛壙用費要大好幾倍，那時鄒大元只有做兩個實壙的財力。

地理先生說這功名可能就在他身上，就等於說他後日必有財力替自己並兒媳做這三代合葬的墓塚。同時因爲這穴道可以埋葬六人，「六韜」是姜太公的兵法，「武士佩劍」，宜有「六」數，而三對夫婦，也是三合「陰陽劍」的意思，將來必定代代有功名的。這是鄒大元還在鄉下當苦工時地理先生所預言的話。

奇怪的是，後來鄒大元果然中了武舉人，再中武進士，「武士佩劍」的風水眞的應驗了。

從此，這皖南的鄒家「武進士墓」出名了；「武士佩劍」的風水更神化了；說鄒大元的父母正埋在武士的胸中；後來又說鄒大元夫婦所葬的穴道是武士的大肚，而他的長子媳則埋在大肚兩旁等等。

所可惜的是，鄒大元的長子鄒文道雖然也以武舉人出身，又得乃父的福蔭也做了高官；第三代也有武功；而第五代以後就開始衰微了。大概風水也有盛極而衰的情形，所以自古所有的古墓，終於都難免化爲荒土的命運！但是，鄒家却有一件特別奇怪得可嘆息的事，就是那個盜墓的賊子，原來不是別人，而是他自己的子孫。這個第六代的孫子，因爲吃鴉片淪爲賊子，還向自己老祖宗的骸骨動腦筋；這就不能說不太奇妙了！

據說當時賊子在「鎮衙門」裏供稱：他自幼聽家裏大人說，那祖墓中有很多金銀財寶陪葬的。後來又有人對他說，祖墓中的第三代，做官時不大廉潔，發了大財；「太平天國」洪秀全作亂時，他怕家中財物被刧，就把所有財寶藏入墓穴中去，直到他去世也沒有拿出來。這些少時所聽的故事，使他對於祖墓中的財富，有了很美麗的幻想。

這位盜竊自己祖墓的賊子又說，他雖然因煙癮窮困淪爲小竊已多年了。但還沒有想到盜竊祖墓；直到最近，聽了外間有人批評墓中的第三祖，說他在當武官時，曾姦汚民間婦女，也曾濫殺部屬和人民；所以那祖墓的好風水就被他的一生不道德的罪孽敗壞了的。因此，他就在對第三祖懷恨的心情下，動起去盜取他的陪葬財寶之念了。

自從這驚動當時的子孫盜竊祖墓的事件發生後，「武進士墓」的新聞更多了。有的說裏面所埋藏的財寶都在棺材地下的暗窟裏。又說當時有兩個水泥匠做好地窟被鄒文道殺死，也埋在地窟裏；因此那「武士佩劍」的好風水，就變爲「强盜埋屍」的惡風水了。

又傳說由於鄒文道生前做個罪孽，被他的仇人暗中把風水破壞了。又說滿清政府知道此事，想發掘那墓取出埋藏的財寶。又說那兩個無辜被殺的水泥匠的鬼魂，曾如何對鄒家族人作祟過。總之，當時傳說紛紛，謠言滿天飛，成了當時最有趣的街談巷議。

當然，這事情最引起人們有興趣的是地理先生和平日相信風水的人士。據說當時不特安徽、江西、浙江各省的有名地理先生都到過太平縣去看那墓上的風水，也有遠自河南來的堪輿家和好事者，到過武進士墓的。其中有兩位當時負有盛名的地理先生，他看好了墓地對人說，那武進士墓在建墓之時是「武士佩劍」貴格之地，確然無疑；但依現在的龍脈和形象看來，却已變格了。

奇哉，你想這墓現在變成了什麼格呢？竟然變成「乞丐拽杖」之格，不太奇了嗎？論地勢的形象，「武士」和「乞丐」也仍然都是人形；而「佩劍」和「拽杖」也都是物形，何以會看出有如此重大的變格呢？是不是地理先生隨意說說呢？

據地理先生說，「地形」雖然沒有多大的變化，而「地氣」却變化得太多了。因爲依現在的情形看，那一帶土地樹木蕭條，一片荒涼之象。所以地形雖然也是像一個人左邊腰間佩了一個東西，因無英武的生氣，只有貧瘠的現象，就儼然是乞丐拽杖而非武士佩劍了。至於地氣的變化，也有三種道理：第一種是「天然」的變化，乃由於天文地理的關係，地氣不是永遠不變的。

第二種是「人事」的變化，乃由於地文地理的關係，如植樹、開荒、導河等作用。第三種則是「福份」的變化，即所謂「福地福人埋」的道理，「福地」必須與「福人」相配，如果不相配，就會起變化的。

這樣看來，鄒家墓風水的變化，可能由於第一種「天然」的變化；而更可能是由於第三種「福份」的變化。因為據上述情形看來，鄒文道既不是一個善人，理應無福享受那福地的風水。再如那個賊子所說的情形，更可無疑地這風水的變壞，完全關係於鄒文道一人的不德了。

二：奇驗的籤詩

中國的神廟之多，據說也是世界上最多的一個國度，因爲中國的廟宇大部分屬於道教、佛教和多神教三派，而中國傳統的卜筮、術數之事，又遠在五千年前就已盛行了；所以，廟宇中除了儒家的孔子廟不設籤詩問疑指津外，其他廟宇大都設有籤詩備卜的。這抽籤決疑問津之舉，雖事屬迷信，但因其中具有「心理感應」作用，以及也有莫名其妙的「神秘現象」，所以在「誠則靈」的情況下，每每也有難以理解的奇驗；於是就不特使村夫愚婦相信，就是文人碩士，到了自己智慧不夠解決自己的難題時，也不能不借重於籤詩了。這是籤詩之事至今尚能存在的理由。

說起籤詩的奇驗之處，實在也確有使人莫測其高深的神妙，同時也實在使人不能不相信其中自有道理，作者對此道初感興趣，繼而研究，繼而收集親友問應驗的事實，錄之成帙。在此原子能時代，當然沒有加意此道的理由；但若就趣味言，聽聽那奇驗的情形，的確夠趣味，足作公餘遣懷消閒之助；至於其間人事上的奇妙變化，亦不能說不是人生的一種很好的見聞，有用的常識的。

現在讓我從一位前清翰林爺的抽籤故事說起。我有一位長輩親戚張奇勳，是滿清翰林。當他年青時，由鄉下去省城應試舉人那年，到了省城就去梓潼帝君廟中去求籤。求籤的目的，不用說是問問此次來省應試的功名前途如何。梓潼帝君雖然也是多神教人們所祀的神，因爲他生前爲人時，曾任文昌府事，而文昌星又是文人的吉星，所以自唐、宋、元三代加封此神爲文昌帝君之後，便爲天下文人們所供奉，祀於學校之內，其香火比孔子廟還要旺盛；因爲他能使學子獲取功名。

這位長輩親戚雖在梓潼帝君廟中求得一籤；但可惜那條籤詩的語意明晦參半，當時不容易看得明白。奇怪的，到了後來事見之時，却是句句應驗，字字不虛。他所求的那條籤，是一首五言詩：「功名已在望，奚爲彼百里。不惑知世情，浮沉如止水。」

據他說，這是他一生抽籤的第一次。他得籤後，看見籤紙上的頭一句「功名已在望」四字就很歡喜；因爲他正是來應試的，這詩首句已切本題了。再看第二句，更覺驚奇；因爲那年他祇十八歲，當跪在神殿前求籤時，心裏忽然想起：如果今年能獲中舉人，就有機會「截取知縣」去做縣老爺的。所以他認爲第二句的「奚爲彼百里」四字，應是這樣解釋：百里是「百里侯」，原就是知縣的別名；「奚爲」二字就是「何止」的意思；於是全句的解釋，就是「何止做一個百里侯的知縣呢？」這樣一來，他又想：如果將來的功名不止百里侯的話，那應當又作何種解釋呢？於是他想了一下，就把「奚爲彼百里」四字，倒一字變爲「爲彼百里奚」。什麼理由呢？因爲「百里奚」原是一個古人的名字，是春秋時秦穆公一位賢相的名字。「爲彼百里奚，」就是說自己將來可能做到宰相高官的。這樣解釋也很通，並不覺太勉强。

至於第三句「不惑知世情」，倒沒有隱晦，一看就會明白，意思是說自己能相信自己的命運前途，不被世情所誘惑的。

四句之中，惟有末句的「浮沉如止水」不甚可解；因爲既然「奚爲彼百里」，而且可以「拜相」，就不能說還有甚麽「浮沉」。再如「止水」一辭，普通作爲「不浮動」解，如「心如止水」之類。那末「浮沉如止水」句，大概是說，將來「名滿天下」，因而心滿意足，情慾平如「止水」之謂。如此解釋，似也無不通。

當然，每個人不論替自己解釋什麽事都是就好的方面去想，不會就壞的方面去想的；由是他自那天求籤之時起，便時刻做其由中舉人、中進士、中狀元，而至於最後拜相的好夢。果然，他十八歲那年就中舉人了；過幾年入京會試又中進士了；接而被選進翰的院爲庶吉士了。他想，這樣，以後由翰林院出來，輾轉陞遷到拜相，看來確也並不是什麼難事的了。於是他在翰林院裏，時常拿出那條中舉那年所求得的簽詩，暗地裏去吟誦那「不惑知世情，浮沉如止水」了。

可是，事實上却不如人願，而且發展得也很奇怪。自他二十多歲選入翰林院後，一直到了四十歲還沒有機會掛牌外放，當翰林是清閒職，一面候差，平時沒有什麼大薪俸的。所以從前有「窮翰林，富知縣」之語。

於是人窮志短，廹於家計，他就打算當知縣去，本來翰林出身不致去當這七品官的縣長的；但照滿清的官規，翰林如果在文字上有了錯誤，就要被貶去當縣長的，因爲有了這規矩，老翰林如果因家貧急於外放做世界，自願被貶去當縣長的話，自己似乎就有把握了。就是說，自己故意把文字寫錯，就可以如願而償了。由是當他四十歲那年，就故意把文字上弄點小毛病，果然不久就被黜在河南省商水縣去當知縣了。

當他一天奉到命令，一見「商水」二字，驀然一驚，記起二十幾年前在梓潼帝君廟裏所抽的那首簽詩，所謂「功名」，原來是指「翰林」；所謂「百里」，依然是「知縣」；所謂「不惑」乃指不惑之年的「四十歲」；而所謂「浮沉如止水」，顯然是說數十年人生的浮沉，止於「商水」之意了！這梓潼帝君的簽詩，到此似已完全應驗了。

但是，事實還不止此。當他走馬上任的時候，正遇黃河水漲之日，竟於渡河之際，不幸覆舟滅頂死了！原來所謂「浮沉如止水」者，乃說他最後於四十歲「不惑」之年，浮沉身死於水中的。像這樣的籤詩，我們似乎不能以巧合目之；則其中當另有一種奧妙的道理，值得人們聞之而稱奇了！

被稱爲閩派詩人巨擘，而身死於漢奸罪名的梁鴻志，也抽過奇驗的籤詩。他少時想知道自己功名的前途，曾在他的親戚家中的呂祖神壇前抽得一籤。

那時梁正跟他的長輩親戚學詩。雖然他學詩不久，但因他獨具天才，詩情磅礴，所以一看見那首籤詩，大罵「狗屁不通」一聲，即把那詩投入字紙簍中去了。兩年後他中了舉人，記起那首籤詩中有「一躍龍門許我先」之句；因爲他十九歲就舉中人，自覺功名前途大有「許我先」之概，便以爲那條籤頗有靈驗之意；但因那條籤詩似又有什麽「艱難帝業奈何天」之語，實屬荒唐無稽，小孩子對功名有妄想，頂多也只能想到中狀元，絕對不會想做皇帝之事，所以又把那籤詩不注意了。

奇怪，不知是否由於那詩中的「艱難帝業」一語，引起了心理作用，他於中舉人後不久，竟做一塲怪夢。夢中自己袍笏登塲，坐於寶座之上，口吐金舌，而耳聽鷄鳴狗吠之聲。因而妄想自己將來也許會登寶座做皇帝，或做封疆大吏也不定的。

依他十九歲就中舉人的命運和文才來看，當然功名前途是錦繡萬里不可限量的。但不幸的是，不久滿清行新政，廢科舉，興學堂，使他的功名止於舉人，連進士都沒有福份得到。辛亥革命那年，他已二十九歲，聽到清帝宣告遜位，不禁大哭一場之後，跑到親戚家中的呂祖神壇前去找那十三年前抽得而罵爲「狗屁不通」的那首籤詩。因爲當時他既驚奇那詩前兩句已奇驗，而後面的兩句因事隔十多年又忘記了，所以想找出來看看究竟怎麽說。

果然找到了那條籤詩，全文原來是這樣：「一躍龍門許我先，艱難帝業奈何天！藍橋重封修書日，大夢如今始恍然。」他看了又看，想了又想，還是不能有所瞭解。

就詩的前兩句看，現在已應驗了；就是說他的功名前途僅僅「一躍龍門」止於舉人而已，沒有「再躍」的機會。所謂「艱難帝業」，乃指遜清亡國之謂；而科舉之制自然隨之永是「奈何天」了。

至於後兩句，他後來就和朋友們研究結果，可能是說他將來怕有厭世修道之舉；因爲「藍橋」是世人傳說的神仙窟。即唐人裴航遇雲英仙遊而去的所在，所以詩中的「大夢」二字，乃指他中舉那年所做的怪夢「口吐金舌」，就是恍然悟道之意。因此他於民國初年政治失意時，曾一度想出家爲僧，但事又不果。

後來呢，他竟然以詩名於時，因而厠身宦海，曾任北洋段祺瑞政府的秘書長，而最後且於抗戰之初，投敵組府，在南京成立維新政府，身爲傀儡首長，儼然「艱難帝業」了！

據他自己對人說，當他有一時期潦倒客邊貧居上海，無聊時，也常常出入上海各有名的「命舘」之門看看命的。但算命說他的命運，不能叫他相信。

何以不相信呢？原來有好幾個算命的都說梁鴻志有「貴敵王侯」之命。算命的時候還不到五十歲，而算命的竟說他到了五十六歲就有意想不到的機會，如龍飛天。但是，他對這「貴敵王侯」的命運絕對不能相信。因爲那時候正是國民當權之世，而他則是北洋軍閥的餘孽，絕無參政的可能的。然而，奇妙的事實呢，他之投敵組府，袍笏登場，正是五十六歲那一年，這豈非命定了嗎？「艱難帝業」原來如此，而「奈何天」，更無疑的是指他的當時情景和心情了。

到了一九四五年八月，日本宣告投降的前五天，他已得到這消息。這時候他不是僞府的首要了，這時僞府的首長汪精衞死後由陳公博代理，而梁鴻志只是一個院長的頭銜，並無權力了。他由上海到南京的途中，托一位親戚某太太於無錫下車時，到一所尼姑菴去代他抽一籤。

某太太當時當然不知日本準備投降的消息，就問他爲誰求簽，爲的何事？他就說：「問的是大局前途如何。」

某太太問：「用誰的名義去求簽呢？」

他遲疑一下答道：「隨便你，用陳公博的名義也好，用我的名義也好。」

由是某太太就用他們兩人的姓名求得一簽，但因簽內語氣不吉，所以當晚到南京見到梁鴻志時，就說是用陳公博名義抽的。梁氏打開簽詩一看，竟然如此語云：「長江滾滾向東去，日落西山嘆奈何？世道崎嶇人已老，榮耀富貴一南柯！」

這簽詩說的很明白，大局是隨日本的沒落而東逝，過去一切都成了夢幻。過了五天，日本果然宣告投降；接着南京僞府首要各謀逃命之路。他當時曾因陳公博等逃去日本，也想一逃，曾與陳羣談商此事。

陳羣當時自決之意已盡，回答他說：「男子漢一人作事一人當；要逃就只有逃到陰間去！」

過兩天，陳羣仰藥自盡。他沒有勇氣學陳羣，還一心一意想逃；但逃到何處去呢？因爲他看見無錫抽的簽詩上有「榮華富貴一南柯」之語，就記起少年時那首簽也有詩「大夢如今始恍然」之句，由是就想也許「藍橋」是個去處。但藍橋是在陝西省藍田縣，當時無路可通，又將安去呢？於是他彷徨數日之後，就束手被捕了。在上海提籃橋監獄中執行槍決。執行前特許他寫遺書達兩小時之久。

更奇怪的還有一事，他被捕那年是六十三歲，第二年他被判處死刑，

原來那首籤詩上所語「藍橋重卦修書日」的「藍橋」就是「提籃橋」；「重卦」就是八八「六十四歲」之意，豈不怪哉！而且他十九歲中舉人那年所做的怪夢，當時也完全應驗；他是乙酉（鷄年）被捕，丙戌（犬年）槍決，執行時是坐在一張公座椅上，子彈從腦進去，從口中射出；豈不就是「鷄鳴狗吠」而又「口吐金舌」嗎？這奇驗的詩，眞是夠奇了！

中國神廟中的籤詩可分兩種：一種就是像上述的詩句，每句有四字的、五字的和七字的，每首籤詩都是四句，另有一種不是採用詩句的，是採用字與畫合解的。那就是籤紙上寫着籤題是「鞋」字，下面就畫一雙鞋，旁邊又有「來來去去」四字算是解題。上面那種叫做「詩籤」，而這種就叫爲「畫」籤，畫籤似乎比詩籤容易詳解，因爲它有圖爲證，解起的文字也簡單，多半只有四字，很容易看出籤意的。

抗戰期中，上海淪陷不久，朋友有個親戚小陳失踪多日，杳無消息，家人抽得一條畫籤，上面籤題是「行人」二字，中間畫一個背上負一袋東西的人，旁邊解云：「子路

負米」四字。把簽請廟祝代爲詳解。廟祝解說：「行人在百里之外，將要返家。」此簽何以看出「百里之外」，又何以解爲將要「返家」而不解爲將要「出門」呢？因爲「子路負米」是故事。孔子門人子路，當其貧窮的時候，爲養活他的父母，曾去家百里之外，負米回家，所以廟祝的詳簽乃根據簽面的故事解的。小陳的家人得了此簽，也得了多少安慰，因爲畫題已與事相近並不相違，可算半靈了。

但是，過了月餘日，小陳仍無消息。於是家人又去復一簽。簽題是「車」，畫一部車，解云：「車載斗量。」就簽面看，這好像不對題了。家人就前次的簽條一起給廟祝詳解。

解道：「行人平安；且有七八人和他一起。」

家人問：「既然平安，那末幾時可以回來呢？」

廟祝說：「回來總是要回來的。」

他想了一下，就問：「你們家裏屯積的米石可吃幾久？」

因爲那時上海淪陷不久，家家在淪陷前都爭相屯積糧食，所以廟祝才問這話。

小陳家人答說：「大概還可吃月半日。」

於是廟祝就說：「在月半日前可以到家。」

事實呢，小陳眞的在月半日前突然回家了。

到底小陳是什麽一回事呢？這其中原來有所根據，原來小陳有一天在路上被日本仔拉夫拉去的。而且也的確是被派去搬運軍糧。當然隨時也都有很多人在一起工作，至於廟祝何以會如此解籤呢？

原來「車載斗量」的故事見於三國志，有一次孫權遣趙咨去見曹丕。曹丕看見趙咨很有才具，就向趙咨探探口氣，看看孫權部下像趙咨此種人有多少，就問趙咨說：「吳國像你這樣的人有幾人？」

趙咨答道：「有特別聰明才具的有八九十人，像我這樣，車載斗量，不計其數。」

廟祝那天只說「有七八人和他一起」；其實，據小陳說，每天都有很多人在一起工作的。

至於廟祝何以說要在家裏屯積糧食吃完以前就會回來呢？那是根據籤題「子路負米」解的；因爲子路出門去負米，爲着要養活父母，當然要在家中存糧吃完之前需要趕回來的。

記得一九三七年上海抗戰爆發前些日子，有個熟人孟子靜君，將由浙江省政府糧食管理處派往嘉興籌辦一所管理糧食的機構。那時候他正是窮困到「家無隔宿之糧」的時候，而走馬上任以及安家等費用，因爲時局緊張，又不能不亟亟籌措。他自然也要向親戚朋友說明此事，說是公事不日就要發表，要求他們提前借給他；但人情是現實的，時局又那樣緊張，公事沒有發表不能算數的，所以大家都答應他，等公事一發表就借給他。但他急不及待，於是就向糧食管理處打聽他的委任令劃行那天，請托一位採訪機關新聞的記者，把這消息在報紙上發表了。果然，親戚朋友們一看見這新聞，都自動的而且超額的都把欵子送來了。

第二天，上海局勢突然緊張，第四天他從管理處聽到不利的消息，心中十分不安，就跑去抽籤問問吉凶。他抽的一條畫籤是「餅」，中間畫一隻餅，解云：「畫餅充飢。」他十分懊惱地帶了籤紙回家。

一進門，家裏已經有個朋友在等他。朋友告訴說，管理處已奉到命令，因時局緊張，嘉興地接上海，那新擬設的機構暫時作罷了。

朋友走後，孟子靜拿出剛剛抽得的畫籤「畫餅充飢」，凝視凝想，啼笑皆非。因爲，「畫餅」雖然是不幸的事實，而因這畫餅而借到欵子，却也算畫餅竟然可以「充飢」的了！

爲着好奇，他第二天再去那廟中重複一籤，以觀究竟。

你想他得的是什麽簽？簽上畫的是兩隻手，解釋云：「兩手空空。」過了幾天，他的戚友們知道他的差事已經告吹了，其中有一個知道孟子靜曾抽得兩簽的，覺得十分奇怪，自己也去那廟裏求一簽，問問他借給孟子靜的錢幾時可以歸還。好奇妙的，他的簽上面畫一隻「飛鶴」，解云：「黃鶴一去不回來。」孟子靜原沒有欺騙戚友的意思，只因頭一個差事雖然告吹，還想進行其他的事，一則日常要家用，二則過了幾天抗戰突然爆發，接着逃難，就這樣只好對不住他們了。

抗戰期中，蘇州有個朋友要到後方去。當時交通不便，而且有戰火的危險，所以行前十分考慮。他的未婚妻因爲不能同行，就十二分不願意他動身。

兩人爲着這個問題主張不同，不能决定，而戚友們也不敢替他們作主張；於是他倆廹不得已，就到謝衙前靈鷲寺附近的小廟裏求簽决定了。

求的畫簽是「于役」，畫的是一個行路的文人，解云：「君子于役。」他倆不知「于役」是什麽意思，就請廟祝詳解。

廟祝說：「是男子出門的意思。」

女的問：「可以出門嗎？」

廟祝答：「以現在情形和簽意說，還是不出門的好。」

過了一個月他倆一同來到上海，就把那畫簽給我看，問我「于役」是何意義，而廟祝又何以說不宜出門？我就取了詩經，打開「君子于役」那一篇，給他倆看。

原來詩經上「君子于役」這一篇，提到君子于役的有四句，這樣說：「君子于役，不知其期；」

「君子于役，如之何毋思？」

「君子于役，不日不日。」

「君子于役，苟無飢渴！」

四句都說男子在外不好的意思。朋友的未婚妻邱小姐看了第一句的註釋後，就十分得意地對她的未婚夫畢先生說：「詩經裏的意思是說，君子于役，不知何時歸來哩！」最後我就對他倆說，廟祝的詳簽並沒有錯。

過了大約兩三年，這一對夫婦有一天帶了他們的兩孩子又來我家。他們又說起那首簽詩的事。原來她有個表叔，前年帶有西藥到內地去做生意。去了三四個月沒有消息。表嬸也去他倆從前抽過簽的那小廟裏抽得一簽。

奇怪的，表嬸所抽的就是他倆從前所抽的那條「君子于役」的簽。廟祝對表嬸說：「行人歸期悠悠。」果然，直到現在還沒有音訊。他們就問我，何以一條簽而有兩種不同的詳解？我就解釋說：這條簽原是指「行人在外，不知歸期」的；但若是打算出門尚未成行，則「不知其期」為「悠悠無期」了！所以所謂詳簽要「遇機」，是說要體察求簽人當是的情形如何而定，不能死呆版的解釋的。

抗戰勝利後，因為台灣是新從日本人手裏歸還的領土，很多人都想找機會去台灣玩玩看看日本式的風光的。

一九四七年友人鄭其明，正在福州做事，就打算暑假一遊台北和高雄兩個地方。但因他大約有三十年沒有搭過海船出門的，平日也相信抽簽卜卦之事，於是他就去一個叫做「白仙爺廟」裏去求簽，問問旅程如何。本來他是決定搭一艘由福州直開基隆的小輪前往，並且已經約好了同行的朋友。抽簽之後，他臨時通知相約同行的朋友，說自己決定不去了。那兩位朋友因為自己在台灣沒有熟人，而鄭其明在台北高雄兩地都有戚友，非要他同行不可。迫不得已，他就把所抽的簽給朋友看。原來那麼上面畫一隻破船，解詩是「破釜沉舟」四字。當然這是明白說不利海行的。

湊巧得很，那兩個朋友之中有一個也抽過簽的，就對他說：「你這條簽不靈！文不對題。」接着他就從衣袋裏掏出一張畫簽指着說：「囉，我這條才是文對本題的靈簽。」原來這條簽書的是一雙鞋，解的是：「「來來去去」四字。可是這兩位朋友仍不能說服鄭其明，因爲抽簽是各人的事，朋友抽的是「來來去去」當然可以去；而自己抽的是「破釜沉舟」當然不宜去。無可奈何，他們只好就擱下來了。

過了一個多月，終由那兩位朋友找到一艘海軍軍艦開往台灣之便，說服了鄭其明，願意和他倆同行。本來這隻軍艦是奉命遊弋台灣全島，爲期一月，原定他們屆時再隨艦回閩的。但事實上回航時鄭其明却發生了一些小變卦。

由於鄭其明二三十年沒有出門過，那時候又是夏天，經過一個月作客旅遊的勞頓，他發生痢疾病倒了。本來也可以勉强上路的；但因軍艦關係，艦長當然拒絕病人隨艦，只好兩個朋友先行，他自己就留在台灣了。不久他病好了，因基隆與福州之間並無大船行走，而自己又迷信簽語，堅決要搭軍艦不可，而一時又無軍艦，於是他就在留台期間碰上一個機會，竟然在海軍機關裏做事了。

這一下，一動不如一靜，就一直做下去，不久還把家眷都接去了。後來他才完全明白，簽辭之所謂「破釜沉舟」，依古典的原意並沒有什麼不吉，只是決心「不再回頭」而且「此去必成」的意思。

一九四五抗戰勝利那年，有一位湖北佬郝君，因曾充僞職，日本投降時就由漢口向江西逃亡。途中經過一個山城的古廟，廟名碧瑤仙館；佔地雖不廣而風景殊佳。他就那裏流連半天。心裏想，如果能在這裏住下，倒是可以避難的。廟裏住有廟祝，相談之下，原來是同鄉；數年前避難來此，後來出資修葺此廟的。於是他就乘機把自己的心事告訴廟祝，向同鄉商量，也要住廟中，當做廟祝的家人，暫避風頭。幸而他得了同鄉的同情，就暫住下來了。

這座碧瑤仙舘原來以靈籤聞名的。住了幾天，正是月明之夜，各處求籤的人原來都是每月半幾天趁着月亮來求籤，據說是特別靈籤的。他在廟中看見個個求籤的人都說靈驗無比，於是他也很想去求一籤。但心裏又想，自己向來沒有求籤過，現在已經住得很好了。如果求籤不利的話，又逃向何處呢？這樣一想，也就過去了。

幾個月之後，有一天發現有一個熟人也來抽籤；雖然那人沒有看見他，而心中便不安起來了。由是他就把此事告知廟祝。兩人商談之下，就去求籤爲決。求的籤上面畫一隻跑馬，解云：「馬不停蹄。」

兩人看了籤不約而同地都認爲「避地爲宜」了。此時兩人交情已很好，就由廟祝替他設法，在附近那裏租屋暫住一下，一面計劃作一種「跑碼頭」式的做法，希望逃過被捕。又過了幾個月，有一天香客中有個女人也抽到這條「馬不停蹄」的籤，要廟祝替她詳解。廟祝問她什麽事？她說，她的丈夫曾任僞職，現在被捕了。廟祝一聽她的丈夫所任的僞職和同鄉郝君差不多，竟然被捕了，一時也不能作出合理的解釋，只是半安慰地說：「比如馬不停蹄，此事諒無變化。」

接着再三囑咐此女人，如有什麽變化，請她寫信通知他，讓他好在仙君前替她祈求。過了兩個月，那女人來信說，政府已寬免荐任以下的僞官，不予追究了。此時廟祝乃恍然大悟，原來「馬不停蹄」乃不受羈絆，自由自在之意。不久，那位逃難的郝君也回湖北去了。

三：測字奇談

測字或稱拆字，此事不知始於何時；這也是我們中國古來占術的一種，占術可以說每一個民族都有，不過所用的道具和方法各有不同而已。

我們中國古書上可考的最古老的占術，當推卜筮的事，卜是以「龜」殼爲道具，而筮則用「蓍」草爲工具，一種取用動物，一種取用植物。

世界上任何民族，在初民時代，智識未開，每日出去游獵，得失安危之事旣多，而又不能自知，由是就用卜筮的方法，來決定游獵的方向，並預卜吉凶了，這是在沒有文字以前的一種占術；至于發明了文字之後，占術就隨着進步，而拆字則是其中比較講解給一般人明瞭其理由的一種。因爲拆字所取用的工具是本身具有意義的「字」，只要識字的人，都可以看出自己所取的字和測字先生所解釋的理由通不通，更重要的是我們中國的字，多半是「象形」與「會意」的兩種；象形的字，可以看出它像什麼東西；會意的字，可以看出它含什麼意思，測字先生不大容易太勉强作出不通的解釋的。也因此，明的測字先生就不太多了。

試舉一個故事說，從前有一個人，年紀很大了才生一個孩子，替他取個名字叫做「同」，意思希望以後再生和他同樣的男孩子。但是，這個同偏是他的獨生子，並沒有同胞的兄弟，因此他的父母非常寶貝他。後來同長大了，勤謹讀書，準備考取功名。頭一次上城考秀才那年，因爲他從來沒有離家過，父母當然不安心；但一時又找不到同伴，而考塲報到的最後限期是那月的廿八日，最遲也要早十天動身才能趕得及報到的。於是只好一個人單身上城了。

他的父母不安心，就在鎮上測字舘裏去拈字測測，看此行一路平安順利否。測字舘本來有兩種方式，一種是隨便你臨時寫一個字，測字先生就看你當時寫字的情形和所寫的字，作出判斷；另一種則是測字舘裏已經預備好了紙卷，每卷裏面有一字，你拿了一卷，由測字先生打開作斷。大約測字先生工夫高明的，就用前一種，而一般測字先生多用後一種，因爲他預備好了多少字，自已比較容易解釋的。

那鎮上的測字先生當然不是太高明的，所以是用拈紙卷的辦法，他那天所拈的字卷打開一看是「術」字。

測字先生問：「你問的是什麽事？」他說：「我有個獨生子這幾天就要動身進城考

試；但因一時找不到同伴，我不放心，所以來問問看，這一路是否平安，考試是否順利？」

測字先生就解釋說：「衕字明明是由『同行』兩字合成，所以你的孩子此次必須有同行之人才能成行。」

他說：「我的孩子明天就要動身了，找不到同行的已經定了的，現在我只問平安與否。」

測字先生就說：「那末，請你再取一字，讓我復復看如何。」

於是他就再取一隻字卷遞給測字先生。

測字先生把字卷打開一看，是「衖」字。他就得意地笑笑說：「你看，我剛才所斷一點也沒錯；這衖字不也是『共行』二字合成的嗎？所以我可斷言，你的孩子動身時必會有人和他共行，你可以放心回去，準備他的行裝吧！」

無奈何他就回到家裏，把兒子的行李整理整理好，看看明天有沒有奇蹟發現——其實，他已決定，明天就是單身也要動身的。

到了晚上，他有個老朋友帶了一點送行的禮物來送他的孩子明天動身。這位老友是個老秀才，對于卜卦、算命、測字之類，從前老先生都會一點的。他就把日間到鎮上測字的事告訴老朋友，說是測字的說臨時會有同行的人，但現在看來明天沒有伴侶同行是定了的，事實與測字不對，不知如何。老友就問他取的是什麽字。他就把「衕」和「衖」二字告訴他。

這位老秀才一看，就向他恭喜說：「你的孩子不特明天單身可以成行，而且此次考試也會成功的！」

他就問：「依你的高見，這二字當作如何解釋呢？」

老友說：「你的孩子的名字不是叫做同嗎？那末，衕字不就是說『同』可以成『行』嗎？而且同字裏面是『一口』二字，也就是單身的意思；這就是說，同單身可以成行。」

「好極；你眞是比測字先生高明多了！」他稱讚老友之後又問：「那末，衖字又作何解呢？你怎麽說同此次考場也會得意呢？衖字裏面的共字依你又當作何意呢？」

老秀才說：「這次考塲報到的日期不是二十八日嗎？而共字不就是『廿八』嗎？所以，衖字的行，是『成行』的意思；而衖字的行，是說二十八日之事『可行』的意思，不就是成功嗎？」

果然，這位老秀才的解釋完全對了，第二天他的孩子只是單身出發，而那次考試秀才也榜上有名了。

像這樣的拆字故事，很明顯的，其中不單是有工夫的深淺問題，而對于問事的「人」和「事」兩方面情兄應當明瞭，也是十分重要的。由于老秀才知道他的兒子名叫同，所以就不把同字解爲同伴；因爲知道考期是二十八日，所以就把共字拆爲廿八日了。這樣一來，同樣兩個字，斷法竟然兩樣了，於此也可以見測字之事因爲有字爲據，就不容易隨便說，可以騙人的；而能說對了，就非常奇妙。

古書中有關于拆字的，隋經籍志有「破字要訣」一卷，而顏氏家訓則謂此即今之「拆字」決疑。可想而知，隋朝既有「破字要訣」成書，則此術早在隋朝以前已發明完成了的。

拆字有關休咎吉凶的事，古籍中有記載的，唐朝有一件有名的故事，說是掘土得石，石上有字，字中之意，必須拆而解之才能明白，那末，這拆字之事及與起數之事合在一起了。唐書及新訂指明心法二書，曾記載那唐朝的故事，其拆字方法，與上述的拆字又不同。書中記載的故事是這樣說：唐憲宗時，淮西吳元濟稱兵作亂，官兵屢敗，朝中羣臣驚懼，都主張罷兵與賊議和；惟有宰相裴度，力主增兵討伐。於是皇上就派裴度統兵出征。那時因爲賊兵强悍善戰，官兵常懷懼怕之心。裴度自己雖然力主討伐，而能否得勝，實在也沒有把握，所以就不得不愼重行事。奇怪的，官兵有一天在掘土建築守衛陣地，準備持久作戰之時，無意在地下掘出一小塊石碑。把碑上的泥土洗去之後，發現上面刻有「鷄未肥，酒未熟」六字。大家覺得奇怪。

因爲當時人們大都知道關于古人有過用「易數」推斷未來之事，就想這塊石碑一定是有關于易數，因此就這六字看來，明顯是一句隱語，於是大家就更稀奇了。

軍中有人認爲，這塊石碑既然把易數的隱語刻上，那一定所推測的有關國家天下大事，否則不會這樣做的。既是有關天下國家大事，又於此時此地發現，就必定與此次的討賊之事有關了；因爲此次討賊是有關唐朝天下的存亡的。

再就這「鷄未肥，酒未熟」六字看來，既然兩個「未」字，是否說此次討賊未得其時，未能得勝呢？或者還有更重要的意思在裏面呢？於是大家不敢視爲小事，就將這塊小石碑送上給當時唐兵統帥裴度去看，裴度此人雖然才學兼優，氣魄雄偉，但對於卜卦、算命、易數之事也極相信。

因爲他少年時有個看相的說他將來會餓死；但過了幾年又碰到那看相的；看相的大驚，對他說：你這幾年中必定曾作過大善事，所以對你的相貌大大改變了，將來你必大貴，不特榮宗耀祖，而且保國福民；果然他一步一步地到了貴爲寵宰。因此他看見了這石碑，也認爲其中必有道理，但可惜的他却莫明其意。

於是就去請當時有名氣的易數和測字先生來研究。有的說，吳元濟是肖鷄的，所謂鷄未肥酒未熟，乃言吳元濟此時尚未當死，不能把他剿滅。有的說，裴度奉命討伐淮西亂事爲統帥乃「乙未」之歲，石碑上兩個未字，乃是說，鷄未肥，酒未熟，乙未之歲即平亂的關鍵之年。這都只是就字面上解的，理由雖然說得通，而事實却不完全符合。

又有一個測字先生就從拆字方面來解說，所謂「鷄未肥」者，乃無肉也；那末把「肥」字的旁去掉，就是「巴」字；再把其中一點肉再去掉，就得一「己」字了。同樣理由，所謂「酒未熟」者，不像酒也；那末把「酒」字的三點水去掉就得一「酉」字了；於是「己酉」兩字則是此碑上所暗示的日期了，現在所要知道的，到底是己酉月或是己酉日的問題了。

不過，依歲次計算起來，由乙未到己酉年還有十四年的時間，可斷言不是己酉年。至于己酉月，好像也不是；因爲要到兩年後才有己酉的月建。再如己酉日，則每年都有六個己酉日，更不像是指日子說了。

經過幾個有名的測字先生細心研究之後，認爲還要等過兩年之後的「丁酉」之歲的八月（即己酉月）才有平亂的希望。但當時裴度還不大相信要等後年八月這樣長的日子。然而，事實上呢，果然戰事延長兩年之久，由唐憲宗元和十年到十二年，歲次丁酉八月，由步將李愬，率兵夜襲蔡州，竟然把吳元濟生擒了。

原來那塊石碑上的「鷄未肥，酒未熟」，是指「丁酉年已酉月」。當時只拆出「己酉」二字，其實，事後才明白，「鷄未肥」實指「丁酉」年；因爲雞未肥，即言雞已夠大而未肥，亦即「成丁之雞」的意思；「酉雞」，酉年即是雞年，不明顯的就是指「丁酉」之年嗎？

關于拆字之事，凡測字先生和許多讀過古書的人，都知道宋朝有一個測字聞名的人叫做謝石。相傳有關于謝石爲人測字的事多不勝舉，現在試就見於經傳的說一二事。

謝石是宋朝四川人，早以測字奇驗，聞名大江南北。宣和年間到京都，名動公卿，相字應驗如神。那時宋徽皇帝也聽到他的鼎鼎大名，就寫了一字，秘密派人，拿去問謝石。

謝石打開那字一看，是「朝」字。就對來人說：「寫此字的人，不是人臣。」

那人說：「何以見得？」

謝石說：「皇上是十月十日生，朝字即十月十日四字合成的。」

那人回報徽宗皇帝；帝大喜，召見謝石，並賜他金帶。數年後，徽宗子高宗接位。

當時正是秦檜當權的時候。有一天，高宗寫一「春」字給謝石看，問謝石關于國家天下事如何。

在高宗皇帝心中以爲「春」字總是好字，應當吉不至於言凶。奇怪的，謝石却解道：「春字於國家不利。」

高宗問：「何以說得？」

謝石說：「此字秦頭太重，壓日無光。」

因爲春秦二字上頭是一樣，而日則被壓在底下了。他的意思是暗指秦檜專權，有欺主之嫌。於此亦足見謝石相字之妙處了。

又有一件關于謝石替一個鄉下人相字的故事，事實是這樣：有個鄉下佬，到了四十歲還沒有娶妻，有一天忽然想起要一個孩子，打算結婚。四十歲了才想結婚，當然是一件大事，他跑去當時以相字擅名的謝石家裏，想相一字看看此事如何。

到了謝石那裏，謝石叫他寫一字。他答說：「一字不識。」

又叫他隨便說句成語也可以。他搖搖頭道：「我是一條蠢猪，說不出什麽成語。」

謝石聞言，就勸他說：「好了，你不用再說了，我已經知道你所要問是什麽事了。」

於是謝石面上就帶着微笑，請他坐下。

「好奇怪，」這位鄉下佬心裏想，「我還未說話，你怎麼知道我的心事呢？」

由是他就以十分驚疑的神情，要聽聽謝石說出道理來。

接着謝石就說：「你是因爲沒有孩子想要娶妻的嗎？宜室宜家，你可以回去進行結婚的事了。」他看見鄉下佬好像沒有聽淸楚，又重複說了一遍。

鄉下佬聞言大爲驚奇，就問他：「你是相字先生不是相面先生，何以我還沒有寫字而你就知道我的心事呢？」

謝石笑道：「我就你口中說的話，取意成字，就字測事。」接着他就對鄉下佬說：「你頭一句說『一字不識』，中有『字』字；而你的口音又讀『字』如『子』音，讀『識』如『惜』音；因此，『一子不惜』，應把『字』字的『子』字除去，僅餘『宀』字了。後來你又說：『我是一條蠢豬。』中有『豕』字，因而宀與豕便合成一個『家』字了。這不明明是由『無子』而想『成家』了嗎？」鄉下佬聞言，便大大滿意告退了。

這是取意成字的一種測字法。至于取形，那就是取字之形狀而斷事的。舉一個衆所周知的「四」測字故事來說。說是有個人因遺失了帳子，寫一個「四」字請測字先生測測，看這帳子能找得到否。測字先生看四字外形旣像「箱」子，而其內形又像「帳」子，就斷定他的帳子並沒有遺失，應在箱篋中；果然那人回家就在篋中尋到了。

第二天隣人聞知其事，故意也說失了帳子去問那測字先生。他也用四字，但不寫楷書四字，而急急地就寫草書的四字。測字先生看那草寫的四字正像「蚊香」的形狀，就對他說，你根本就沒有蚊帳。那人不服，就說，爲甚麽人家也是用四字，而你說他的帳子在箱裏，却偏說我根本沒有帳子呢？

測於先生就指他所寫的四字說：「你自己看看，這不是明明說你是用蚊香嗎？」那人便一笑跑去了。

關于形與意兼取的例，現在再舉抗戰中傳聞一時的故事來說，抗戰中吳國楨任重慶市長時，有一天夜裏忽然心緒煩亂，自疑將有事故發生，就請他的太太說出一字觀測吉凶。

那時他的太太正臥在床上帳中，就隨便以目中所睹之物出一「帳」字。測字常常是這樣隨便出字的；但奇驗的情形也常常很奇怪。吳國楨的測字故事就屬於這一類。

當他太太說出「帳」字時，吳國楨只一想，就對太太說：「不好了！帳字是『市長』二字的無頭，我將有禍了！」因而一夜輾轉反側，不能入睡。

第二天就跑去請教善於測字的某君，某君也認爲必有不吉之事；但此君看法與吳國楨微有不同。

吳氏自測的是「市長無頭」，而某君所斷的則是「無頭市長」。他解說：「帳字折爲『巾長』二字，巾字上面加上一點一畫就成爲「市」字，而巾字自身已成字，故應解爲『無頭市長』；如果原來是『市』字，因拆析變爲『巾』字，那末先是市字，後變爲無頭，就可解爲『市長無頭』了。」

由是這位測字先生，就斷定他恐有「革職留任」的事故發生，但必無性命之憂；因爲『長』字無損，諒無大禍。

不久，吳國楨果然因重慶防空洞失事慘案發生，遭受「革職留任」的處分，眞的成爲「無頭（銜）市長」了。

像這樣「形意」兼取的，也以取意更爲重要，同樣一個帳字，斷爲「市長無頭」與「無頭市長」，情形相差太大。類似此例的，再舉有許多人所知道的明末皇室中人測字的故事來說。這故事可貴的不只是奇妙，而是眞實的事。

明朝崇禎十六年，李自成作反，兵陷潼關，京師大震。皇室中有人就去北京天橋測字館，書「有」字叩詢大明天下如何的。皇室中人，以爲「有唐」「有明」這「有」字是吉字，用以測事總不至於不吉的。那知當時所拆成的却是大不吉。因爲當時測字先生却這樣說：「若問大明天下如何，『有』字殊非吉字；因爲『有』字乃『大』和『明』二字各拆去了一半之象，亦即表現大明天下已去了一半之意。」

求測者聞言甚爲不安，又順手改寫「酉」字請解。測字先生又接着說：「『酉』字乃表現至『尊』上無『首』級，下無『寸』土之象，主皇上有亡國喪生之禍。」求測者一時大驚，於心亂意急中又寫一「友」字請拆。

測字先生笑道：「『友』字就是『反』字頭上透出一點而成，這也就是說，天下必定被『反透』了！」求測者失色而去。

這些都是「形意」幷用的測字法，這方法在測字一道言，算是比較進步、高明，同時也是科學的；因爲靈不靈原是重要的一回事，而先說得有理，也是最基本的條件。

「遇機測字」，這是衆所周知的測字成語，意說測字之事主要在於「遇機」，亦即「觸機」的意思，像上述的例，都不算是遇機，因爲在測字當時，還不曾有甚麼奇妙的機會或機變可能。觸機比取形和取意等都較難，測字先生必須有過人的靈感，隨時注意才行，否則便容易錯誤。

有許多測字，就取形取意上解釋好像說得條條有理，但事實却不應驗；其中除深奧問題未爲測字者所能窺其全豹外，大多數是測者對於「觸機」的靈感和修養功夫不夠，把當時的機遇忽畧了。所以難免測錯而致不靈了。

遇機一法，說來測字諸法中最有趣的。現在也舉幾個例來說。當十幾年前名將傅作義統軍堅守北平與共軍頑抗時，有人取「碧」字問大局前途。恰巧，當那字條打開看時，測字先生正在抽香烟，咀上的烟灰剛剛落在碧字的「玉石」兩字上面，僅見一個「白」字。

於是，「啊，不好！」測字先生連聲就說：「玉石俱焚，全家掛白！」這就是遇機所見。

當時北平的共軍炮位快要威脅城內了，大家以爲這很可能是傅作義在司令部或公館裏中彈身亡之兆。不久，事實並不如此；傅作義竟然投降，北平城內的玉石也並未俱焚。於是事後覺得當時測字先生對於「觸機」的靈感還是不夠。因爲當時只是烟灰落在「玉石」之上，並未把玉石二字燒掉，何來「俱焚」之象呢？這明顯斷定語有過甚之嫌了。

就當時傅作義僅僅受到共軍幾個炮彈落入城內，就迅速投降的情形看來，依這測字的遇機情形應當解爲：「玉石尚未俱焚，城頭竟懸白旗才對，於此也可看見，觸機既已不易，而斷語更難了。像這種遇機立斷之事，完全靠測字先生個人的經驗，而聰明與靈感更是重要。這其中有時測對有測錯，似乎也有求測者與測斷者個人的運氣有關。當然，如果測字先生太好，精力不支時也會測錯的。

前幾年某日，有幾位朋友相聚於鑽石山友人家中。當時某友的太太快到分娩之期。諸人以爲此友生了好幾個小孩子都不幸夭折，由是我們就請座中有一位會測字的替他測一字，看看是男是女，還要看看將來能不能長大成人。議定之後，由一人代寫一個字。記得那天正是英國家空軍在啓德機塲演習，字剛剛寫好，「轟，轟！」高射炮和炸彈之聲大作。

「空軍演習！」那位寫字朋友看見大家頗有「鴻鵠將至」，心不在焉之態，就說了這「聲，意思要大家注意測字之事。隨即把所寫的字遞過去。

「請慢看字，我們先說說『觸機』，等下再來看字。」那位測字朋友繼續說：「剛剛不是空軍演習嗎？不是聽到高射炮的聲音嗎？空軍是『攻空』，而高射炮則是象徵『男性』。所以此胎兒斷爲男孩無疑。」

「男胎斷得有理了，那末是否長大成人呢？」在座中有人這樣問。

那測字朋友就這樣答說：「既以空軍演習爲觸機，便應就此觸機推斷。」

於是大家繼續安靜聽他的話。他就想了一想，說：「空軍『演習』，既不是正式作戰，就等於『兒戲』；不過不是小孩子的兒戲，而是一羣『大孩子』的兒戲罷了；所以再斷此子將來必能長大成人。」

大家聽了都鼓掌稱善，解理認爲滿意，也合大家心中所盼望的。接着就把剛才寫好的那個字拿來一看，原來是個「哥」字。測字朋友就面帶得意之色的說：「寫哥字的意思，當然要我解釋爲生過小哥哥囉；其實湊巧得很，這字對我剛才觸機的解釋，却是一個最好的評語——它是說我剛剛的測法『可可』啊！」大家又是一塲哄堂大笑。

大約十幾天後，那位腹大便便的太太果然生了一個男孩子。過去他們夭折的小孩，都是不滿周歲就夭折，現在這個孩子已經能夠走路上學了，想來也必然會長大成人無疑的。這樣遇機測字，「機」比「字」就更重要得多了。

事後有人問那位測字朋友，若是那天不逢空軍演習，而是海軍演習的話，測斷的情形又是如何呢？他想了一想說：「如果是海軍演習，那情形可能完全不同；因爲測字的主題是問胎兒是男是女，又問能否長大成人，而『海』字所顯示的是女性，而且是不能成人的。」

他此種說話是否隨隨便便的說，而沒有根據呢？倒不是隨隨便便說的。

那末何以有此說法呢？他說：「海字乃由水、人、母三字合成，而『人母』明顯是女性無疑；但那『人』字又不成人形，且復傍『水』，那就是含有『不成人之母，其將付東流』之意，所以應斷爲女胎，且不長成。」

於是那位朋友就對他開玩笑說：「僥倖那天是逢空軍演習，如果是海軍演習，那末你的測斷就完全不靈了。」但他這樣解釋說：「不是僥倖問題，而是湊巧則遇機問題。關於遇機，應當說是因爲那胎兒是男胎，所以才有那種遇機，不是說有了那種，遇機才斷定他爲男胎。」

說到這裏，這位測字朋友就舉出一個遇機的故事，說給大家聽聽。他說從前有個人也是屢遭生子夭折的，不幸他太太生了四個孩子都夭折。有一次他的第五個孩子又生下了，第三天他倆夫妻就預備取一字請一測字的朋友看看此兒如何。如何取字呢？本來他們順口在書本上取第三頁第三行第三字得「哀」字；夫妻兩人都嫌哀字字面不吉；又决定由丈夫到測字朋友家中臨時向書本上取第十頁第十行第十字爲憑。丈夫就去了。

由是他丈夫就順路到街市買了一些酒菜，預備到朋友家中且飲且談。不意走到半路，湊巧地碰着那位測字朋友和一位熟人迎面而來。

那位熟人平日喜歡談詼諧說笑話，看見他手中携有酒菜，就笑對他說：「你今天家中是燒忌辰嗎？我要到你家喫飯去。」

他一聞「忌辰」二字，面就失色，無言以對。

一會他隨那位測字朋友回去，就把來意告知朋友，也並將在家中取得「哀」字情形奉告。朋友聞言，就拱起雙手作揖向他道喜說：「恭喜！恭喜！你這個小孩可長大成人了。」

他以爲這是朋友安慰他的話。因爲就所取的「哀」字，和路上遇機的「忌辰」，都是不吉的，何來此吉語呢？他不信，他要朋友再向書本找一字。說是這乃和太太兩人在家商定的。

朋友對他這樣解釋說：「不用再找別的字了，『哀』是『舉哀』，『忌辰』是有子孫後代的人才有的事。這也就是說，你這孩子將會有兒孫爲他舉哀，爲他燒忌辰的。」

他聽了雖然已覺得此言很有理，也頗爲安慰了；但仍想再找一字來復測一次。由是就順手向書架上取一書，翻開第十頁第十行第十字一看，啊！奇怪得使他開顏發笑了！原來那個字是「喪」字。「舉哀」、「忌辰」、「喪服」，爲甚麼會這樣湊巧會連在一起呢？這也就是所謂「遇機」了。

遇機的測字，計有四種方法：聞、問、見、觸。以上所舉的例，只是聞與見兩種而已，尚有問與觸兩種。其奇妙情形，許多是不可思議的，我們的有限智慧，實在也莫名其妙。

所謂「聞」，不一定要聞本人的話，也可以聞其他的聲响。只要測字的時候，有所聞、見、接觸，都可以作遇機的根據的。所以測字先生測字時需要聚精滙神，注意這各方面。

前年有一個德國人，要我的朋友替他介紹一位老師，說他要學習中國的易經、卜卦、測字之類。這位先生的中國名字叫做韓保生，以前他曾在北平燕京大學讀過書的。我的朋友問他何以當此原子時代，還要這一類非科學的中國老古董呢？他笑說兩個理由：頭一個理由他說，中國這些東西是超原子超科學，學了這類東西，可使科學家低頭，就成了一個超科學家了，何等尊貴。第二個理由，他說，縱然不說甚麽科學超科學，只就謀生言，這些玩意兒若能在歐美大都市稍行其道，不說謀生，連發財也不難，再問他何以會相信這些玩意有科學價值？他就說出兩宗故事來。

他說當時他在燕京大學是讀中國文學系，平時他偶爾研究中國拆字的道理，覺得頗具某種行爲心理學的價值。有一次暑假期滿，他從德國家裏回到燕京大學。第二天他發現遺失了一件珍貴東西——是他外祖父贈給他的一隻古董的小鐘表，他記起當離家的前兩天放在旅行的手提包裏，但現在已經不見了。他一時心急無良法，只好由一位中國同學陪他到北平前門外一家測字攤去測字，問問此表是否遺失了。記得那天取的是個「哀」字。他一看哀字，自想這是不祥之字，恐怕凶多吉少了。

接着測字先生果然解釋說：「『哀』與『哎』同音，悲哀既成，失物無疑。」再問他從何處失去？測字先生說：「哀字乃衣中有破口，失物路上無疑。」就字面上解，這好像說得通、有道理。然而，事實又好像不是這樣簡單；因為韓保生記不出他曾將該小掛表放在身上，而且他檢查過自己穿衣服也並無破孔，何至失落？

由是他和同學離開測字攤返校途中時，滿臉愁霧疑雲，剛巧在路上又碰到兩位同學，詢明其故之後，有一位同學介紹他到北京城內東安市場中一個著名測字處去問；由是四位同學就一同去。因為那位介紹人的同學和這位測字先生有親戚關係，就把方才在門前外拆字情形告訴他。

測字先生聞言就說：「此物並未遺失，當在你德國家裏的衣袋中。」

韓保生君因此亦記不起自己曾將此表放在衣袋裏，就問測字先生何所根據作此斷語呢？測字先生說：「哀字乃衣口兩個完全的字合成；衣既無破，口亦不缺，何能失物？故此口乃衣中的袋口無疑。」

由是韓保生君立即發電德國家中詢問此物；翌日得覆電，說是他的母親當他離家前晚檢視其手提箱時，恐有遺失，便把牠取出，隨手放在睡衣袋中，忘記交還了。

據這樣的一件事實，雖然因兩個測字先生的拆字看法深淺不同而有相反的判斷，而所取的字却與事實完全相符，這不能不視爲人間的奇妙事蹟了。至于韓保生君的第二件測字應驗的故事，也很同樣奇怪得好笑，他告訴我們的事實是這樣的：

有一次他接到德國家中電報，說他的叔父因騎馬打獵跌傷入院，因爲這位叔父只長他三歲，平日叔侄感情甚洽，他不安心有無危險，由是又跑去東安市場找前次替他測準的那位拆字先生問吉凶。此次他自寫韓保生的「保」字求解。

測字先生問他欲問何事？他說：「家人之事。」並不告訴他家中有人跌傷之事。

測字先生就說：「所問之人，側身在床；口不能言，性命無危。」

韓保生君一聞「側身在床」，已見其言已中，不勝驚異；就請問何以知其「口不能言」，又何以斷其「性命無危」呢？

測字先生就解道：「保字乃其『人』發『呆』之象。其呆安在？今見其『口』下木字，乃用『木』作架支持之象，故斷其傷在口；既傷在口，則性命當無虞也。」

後來果然接到家書，說他叔父當時眞的係下頷骨跌傷，而現在已稍好了。

從此事看，我們眞不明白何以測字時問事的人所取用的字，必與所問的事有明顯的關係。像「哀」字明明是不祥之意，而拆開成爲「衣、口」二字，又偏與失物有關了。像「保」字明明是「保重」或「保護」意，而拆開又變爲「人、呆」之象；而且「口加木架」，又明顯與口部受傷有關。（註：紗布屬木，用紗布包紮，等于用木作架。）這兩件測字的故事，韓保生君說這是他一生不會忘記的奇事，而且也認定是今日科學不能解決的超科學；所以時至今日原子時代，一個德國人還要學習中國的卜卦和測字之術了。

說到這裏，不由使我們想起我國文字結構的特點。就中國文字的造成和含義，中國的字體可以說是世界上最複雜的文字。

中國文字有所謂「六書」：一曰指事，二曰象形，三曰形聲，四曰會意，五曰轉註，六曰做借，是也。舉「山」字「口」字來說，就是「象形」的字了。何謂象形呢？因爲是用一個像「山」形和一個像「口」形的字，使人一望其形狀，就會明白那字的意思。再就「惡」字來說，那就是「會意」的字了。何謂會意？望其字義，即知其意的意思。就惡字說，因爲惡字乃「亞」和「心」二字造成，「亞」的字義是「次」也；「亞心」即係「次等的心」的意思，凡是「次等」的事都不是好東西，所以是「惡」了。

也因爲中國字有的象形、會意等的不同結構，所以中國字用途，便不止於代替語言了。由於象形的字可以代表「物」；會意的字可以象徵「事」，所以便爲拆字先生拿去作爲替人解決疑難的推斷根據了。用拆字之法去推測人事，雖不知始於何時；但測字先生如果博學高明，對於人事上的決疑，較之卜卦，似乎更見明顯；因爲卦象和卦理比較深奧，非一般人所能明瞭，而字形和字義却爲一般人所能了解的。這就是中國字的特點，外國人也覺得特別有趣了。

不過，「遇機測字」；測字還需要「遇機」。所謂遇機，就是看當時的「機會」如何，作爲解釋字形的理據。同是一個字，可以隨當時「遇機」的不同，而有完全相反的解釋。反之，因遇機之不同，也可能兩個完全相反意義的字，而作同樣的情形的推測的。像前面所述的「哀」字竟有兩種相反的看法，那是測字先生的學力優劣問題，不是遇機不同問題。在這裏也含有一種重要而科學的意義；那就是「空間」與「時間」的結合——字形和字義是空間，而遇機則是時間了；必須空間與時間在一起，才能推斷那事物的結果。

現在再舉兩個姓王和姓何的友人所經歷的測字實例來說。我有一位姓王的朋友，告訴我一件趣事。若干年前當他年青時，在青島認識一位舞女；經過一個時間，由舞客進爲膩友，不知何故，正在情投意合之際，舞女忽然對他態度冷淡。當時王君是個剛從學校裏出來的年青人，初出茅廬，對於男女社交毫無經驗，面對着這舞女的冷暖情形，大有因求之不得，輾轉反側，寢食不安之象。在這不知如何是好之際，便跑去一家測字館，想借測字看看這好事的前途如何。

他說，因爲他從來沒有測過字，事先自己就想定了一個有利男女社交的字拿去拆。進了測字館，測字先生叫他向卷筒中拿一字。他不拿；他怕拿出不吉的字。他要自己寫一字，測字先生也答應了他。由是他拿起紙筆，誠誠懇懇地寫了一個「好」字。測字先生問他要測的是甚麼事？他說，要問和一個女朋友戀愛，到底有無成功希望。測字先生想了一下，就毫無疑慮地說：「這件事你本人雖然很正心誠意，但這位女子却躲在一邊，並不全情相待。而且這女子也不是正正式式的人家閨女，看來她不是妓女便是舞娘，和她談戀愛，恐怕不會成功的，希望你愼重愼重才好。」

這位王先生聽了，心裏雖然十分懊惱，而對測字先生竟然把他的心事說準了，却很驚奇。由是他就問何以說她並非正式的閨女呢？他說，這是女字旁，是側身的女，旁立的女，將來此女也祇配做側室偏房，不能當元配妻。於是王先生又問，這個「好」字不是一對男女很要好在一起的樣子麽？測字先生搖搖頭說，測字要憑遇機，遇機好，就是壞字也是好；遇機不好，就是好字也是壞。王先生想了一下，要求再寫一字測測看。接着他就寫了一個「惡」字。

測字先生看了，想也不想就指着那「亞」字的空心問他說：「這裏面是個什麼字？」他答：「是空白的十字。」

測字先生就笑說：「好了，這惡字就是表現你是『十足白費空心機』的意思了！」王先生到此，便垂頭喪氣，懊喪而去。但是，他心中對于自己所寫的字又懷疑這是湊巧被測字先生所利用，如果換了別的字，但不知又將如何解釋呢？

過幾天，他到一個朋友家中吃喜酒；是這位朋友太太養了一男一女的雙胞胎，那天是十四天請客的。

席間有人說起測字的事，他就把前幾天自己的事說給大家聽。那位朋友不相信測字會有這樣的奧妙，他說，他明天也用這「好惡」兩字去測，看看測字先生對他的事怎樣拆法，怎樣說法。

第二天這位姓何的朋友，拿了一張小紙條，自己寫了一個「好」字，又請他太太在好字下面，寫一個「惡」字。寫好了，他帶着這字條到測字館去。到了測字館，因爲已有一個人在那裏測字，所以他就隔着桌子坐在測字先生對面的位子，一邊等一邊聽他們的講解。

一會那人測好走了，他就對測字先生說：「我和一位女朋友很要好，但中間有人破壞；我想，現在我和女朋友各人寫一個字，請你替我們看看到底如何？」

他怕測字先生沒有聽清楚，把來意重說了一遍之後，接着他就拿出那字條。因爲他是坐在測字先生的正對面，所以測字先生看見那字條上面所寫的是「好惡」兩個字是倒頭的。

於是他一時觸動靈機就直說道：「先生，你不要騙我，你並沒有女朋友，你的夫人不是養了一男一女的雙胞胎嗎？你一心只懸着這一件事；你並無女朋友。」這朋友聽呆了。

他實在莫名其妙。無可奈何地承認自己剛才是說謊話；同時五體投地佩服測字先生的高明奇靈。

之後，他就以最虛心最恭敬的態度，請教測字先生，到底根據甚麽道理有這樣大胆高明的推斷。測字先生就把字條轉過來，也給他自己倒置看看「好惡」兩字的形狀，一面就解釋說：「我看出這『好』是男人的筆跡，而這個『惡』字是女人的筆跡。好字是你寫，表示屬於你的『創作』；惡字是她寫的，表示是她的『現狀』。因爲剛剛我看的是這二字的倒字，就觸機是孩子出世的現，象而且是雙胞胎。何以見得呢？因爲小孩子出世是倒頭生出來的，現在『好』字是倒頭的一男一女。再看好字上面是『亞』，表面有收縮之象，而裏面却是空的，與下面好字合起來看，就像是剛剛生了孩子不久的肚子了。再加上一顆心懸掛在上面，這明明是表現你夫妻兩人的近事了。當然，這也可以看做你和女朋友的所爲；但依你所說，你和一個女朋友很要好，但中間有人破壞………等語；你想，連雙胞胎都養出來了，還怕有人破壞麽？所以我就敢斷定了這祗是你們夫婦兩人之事，其他所謂女朋友，有人破壞等，都是騙我的。」

此事之後約半年，我又有個朋友諸葛先生就邀集了三五朋友，有意上測字舘去，想和那位先生尋開心。他稱一聲說：「先生，我想問一件事，請你替我測一個字。」

「好的，請你取字吧！」測字先生說。

「不用取。我的字是他們選定了叫我來你這裏寫給你看的。」

諸葛君還沒有寫字，又對測字先生說：「現在先讓我把事情先告訴你。」

諸葛君又繼續說：「我有個好朋友，要請我替他的小姐做證婚人。但我知道這位小姐的肚子裏已經有三個月小寶貝了。男家方面也是我的熟人，各各選定一字，托我來請教先生，看看我這證婚人做得成，還是做不得？」

「請把你兩個字寫出來。」測字先生邊說邊把紙筆遞給他。於是諸葛君接過紙筆，下筆時，他心裏想：以前他們都是先寫「好」字，今天我得先寫「惡」字了。由是他下筆寫「惡」字。惡字剛剛寫完，好字還沒有下筆，測字先生就把他止住，並以微笑的面孔說道：「懷來『惡』意，並無『好』事，你不用再寫好字了！」

測字先生這一句話弄得諸葛君面紅耳熱，不知所對了。好在同行的有三五個朋友，出來轉圜下面子，大家拱起雙手作揖，向測字先生道歉稱服。經過了一陣嘻嘻哈哈之後，各人就把來意說明，爲的是聽見以前兩事，覺得太驚奇，所以今天特意來試試看。事雖虛託，而求教之心，却是眞實，絕無惡意。

經過解釋之後，測字先生也並不介意，而且表示他並不反對人們來嘗試，嘗試就是他的生意，他只照字遇機判斷，不管人們是眞情或是假意，都無關係。

在說話間，其中有兩位一起去的朋友，一位姓柳，一位姓郝的，就商量把他兩人最近所想做的一宗事，測一個字看看成功與否。由是他倆就對測字先生這樣說：「先生，現在請你相信我們兩人的話，我們十二分的誠意，想請先生爲我們測一個字，看看我們所進行的事成不成，好嗎？」

「那有什麽不好之理，請你們取字。」

「就用『惡』字好不好？」姓郝的說，「現在我們一點也不懷『惡意』的！」姓柳又補說一句。

「可以，就用『惡』無妨。」測字先生又說：「惡字中間是虛白的『十』字；又有『二』字；又有『心』字；這表示你們兩位確是十二分虛心要問事的。」

他停了一下又說：「那麽你倆要問的是甚麽事？」

「我們想做生意。」他們倆人同聲這樣作答。

測字先生想了一想，就說：「不成！你倆既懷『二心』，而又『十』足空虛無本錢，那好做生意呢？要做只有買空賣空的生意；但最後也是一場『空』的，何必多此一舉呢？」那姓郝的不服氣，伸手拿筆又寫了一個「好」字對測字先生說：「如果我剛才寫『好』字，你將怎麽解呢？」

測字先生笑笑地說：「唉！女子豈知貨殖之事？你這生意不是空談的嗎？」測字先生說罷，大家面面相覷，無言而退了。

像這樣同樣是「好、惡」兩字，在遇機上竟有如許的不同變化，可知測字之事也不是十分容易的，更不能說它完全是江湖騙人之術，而其中工夫淺深確是主要問題。

現在再舉福建陷於共軍前的一個縣長測字的故事說一說。一九四九年四月初，中共的「解放軍」由浙東南下，閩省情勢危急，閩東一帶，首當其衝。當時閩東霞浦縣長徐堯炤，臨事畏難，想放棄該縣避往省垣福州；又以守土有責，疑慮不決；隨即化裝冒充商人去求測字決疑。因爲他心想避往「榕城」（即福州），故測字時就自寫一「榕」字。因心急手快，竟把「容」字寫像「客」字。測字先生看了就對他說：「你心想『榕』字而寫不像『榕』，主你去『榕』不成；且『容』字竟寫像『客』，而有『客邊就木』之象，恐有大凶。」徐聞言大驚，翌日攜全眷由霞浦渡海逃往省城。

到了福州，他認爲測字不靈，因爲測字的說他「去榕不成」，而他現在竟然到了「榕城」。

第二天，他晉謁省主席朱紹良，報告攜眷來省的苦哀。當時各縣首長紛紛擅離職守，朱紹良正思「殺一儆百」，徐堯炤進謁時即被扣留，隨即在榕槍決。事後明白，不是去榕「不成」，而是「不可」去榕。

就這事來說，縣長有守土之責，在非常時期擅離職守，而且未戰先逃，理應「槍決」；如果守土抗匪，就是城破，還未必就是殺身之禍。這個事理，想當縣長的徐堯炤不致不知；但他當聞測字先生說有「客邊就木之象，恐有大凶」之時，就想逃離霞浦，避往福州，却是大錯了。如果他有「把握命運」的聰明的話，應當曉得：縣長爲「父母之官」，而且「全眷」隨身，並非「作客」；「客邊就木」不能解爲「死於縣長任內」。

反過來說，如果擅離職守，棄城逃走，那眞正是「遷徙」了；而且縣官携眷離開縣治，才有「全家作客」的意義，他才有「客邊就木」的危險了。

說到「就木」，使我想起一九四五年抗戰勝利時一件故事。勝利之後，上海南市有個軍事機構的監獄，裏面關的大都是重要的政治犯，所以裏面所關的犯人，不少身上帶了手梏或脚鐐的。犯人一帶上手梏或脚鐐，情形就大爲兩樣了；因爲不只帶了手梏脚鐐動作上有不自由的痛苦，而其所表示的案情嚴重，給人的心理威脅，精神上更痛苦多了。因此在裏面的犯人，每天時時刻刻提心吊胆兩件事：身上帶有手梏脚鐐的人，時刻怕的是被解赴刑塲槍斃；而身上未帶手梏脚鐐的人，時刻懼怕被提去釘手梏脚鐐。

犯人中有一位會測字的，有一天看同房中有三個人被提去，有兩人被用一付手梏鎖住一道，而另一個則被釘上脚鐐，因而他也提心吊胆起來了。於是他就請同房人代他說出一個字，測測看自己是否不致於上梏或釘鐐。同房人便隨口說一「大」。他想了一下，就微笑地說：「我不至於帶鐐的。」

同房人就問他，從「大」字上怎樣會看出不會上梏或帶鐐呢？

他就解釋說：「大字可拆爲『一人』，身上也不帶有別的東西，即自由自在的意思了。」

「那末，如果我剛才是說『天』字或『夫』字，將又如何說法呢？」那同房的人就這樣問。

他說：「那就恐怕會被鐐枷了；因爲天字和夫字都是表示『二人』被連在一起。」過了幾天，同難中人，有一個寫「安」字來請他測測看，這次無寃之災，可否平安無事。他看一看安字，就解說：「宀」字即「官」字頭，而「女」字古字的「汝」字；現在汝在這場「官司」中，既不拖泥帶水，不久便可平安無事的。果然沒有幾天就被釋放了。因爲在那軍事監獄中，無事釋放的是少有事，於是這位測字難友便認爲測字的工夫太高明了，很多人都希望能請他測字的。

有一天，有人也用「安」字問問他，是否可免被釘鐐梏之事？他就隨口安慰那人說：「從前有人用安字測的，都可以平安出去了，你當然不至於釘鐐梏的。」

因爲求測的人多了，大家關在一室，都是難友，也都明瞭在囚人的心情，所以大家都是對人說平安的話，不會說不吉的話。過了幾天，他睡在地板上，看見對面一個帶了脚鐐的人坐在那裏愁思。他看見那兩足被脚鐐鎖住的形狀，就對他旁邊的同難說：「前幾天那位用『安』字求測的人，恐怕難免於釘鐐了。」

那同難的就問：「爲什麽今天忽然又說起此事呢？」

他就輕聲對那人說：「你看對面那人的雙脚，不正像安字的下面交叉而分不開嗎？」眞的，那人不幾天就被釘脚鐐了。

在這監獄中，犯人唯一的消遣就是下象棋，一張紙的棋盤和三十幾只木質棋子，差不多每間監房都有一副，有一次在兩天中被提出去釘鐐梏的有二十幾人之多，而這二十幾人又都屬同一關係的案件的。過了一個多月，他們都希望能夠開去鐐梏，雖然他們大都是二十歲以上四十歲以下的年青人，平時都是不大相信有關命運之事的，尤其是像這測字卜卦之舉。但到了自己身受災禍的時候，自己既沒有把握自己的命運，就只好向命運低頭了。於是有一天他們中間有人就想請求那位會測字的難友測測字看，這鐐梏何日能夠開啓。爲着事關切身禍福，他們就十分誠意的，公推他們之中年紀最大的一人爲代表，來請問關于開鐐去梏的事。

「我們二十幾人叫我代表，來問津一事，即我們身上的鐐梏，幾時可以開去？」代表這樣向測字的難友說明來意。

「問事最好問個人的事，不宜問團體的事；因爲各人有各人的命運。」測字的如此說。

「不過，我們知道我們是一個案子的，想來，旣然同時釘上鐐梏的；所以我們對這開梏之事，可以作爲一事論的。」當代表的又把這理由解釋淸楚了。

「那末，就請你們出字吧！」

當代表的想了一下，好像一時又想不出什麼適當的字來。於是就向測字的請問說：

「就用象棋的字可以嗎？」

測字的說：「當然可以。」

於是他們就把三十幾只象棋子翻了一下，把有字的一面覆在底下，當代表的伸手隨意取了一只，翻過來一看，是「相」字。

「相……宰相！」

「相……同病相憐！」

「相……彈冠相慶！」他們中間看見相字，便隨口說說這些。

測字的想了一下，對他們說：「這字眞是可說得太湊巧了！」他繼續說，「你們不久就可以去梏了。」

他們幾個人聽了固然歡喜，但也有些懷疑，因爲「不久」二字不大相信，依獄中的情形，鐐梏一釘上去，要想開掉除非出獄，是很難的事。於是他們就問「相」字有何不久可以開梏的理由。

測字的說：「梏字是木字旁，而棋子卅二只只中只有兩只是相字，所以我說這相字實在是太湊巧了。現在看相字把梏字的告字去掉而換上目字，乃變成相字，所以我的斷語是『去梏即在目前』了。」

哎啊，經他這解說，大家都認爲太有道理了，眞是這相字太湊巧了；「去梏即在目前」，實在也不再有更適當的理由了。於是他們都以喜悅的心情等待開梏。

可是事實却不然，等了一個月又一個月，四個月的日子都過去了，開梏的消息一點也沒有聽到。於是他們認爲這所謂「目前」恐怕另有解釋。但他們仍認爲「去梏」總是有希望的，因爲這相字明明是從去「告」而成的。果然，又過了一個多月，他們二十幾個都被提出去開掉鐐梏了。當時獄中所傳的消息說是要把他們解去另一軍法處去復審，所以他們開梏時候也覺得可喜；而所謂「開梏即在目前」也算應驗了。然而事實上却使人太可怕了！原來這二十幾人當天下午都西送到警備司令部，驗明正身之後，統統綁赴上海虹口宋公園刑塲一個個都槍斃了！眞想不到開梏原來如此下塲！

這二十幾人槍斃的消息，當晚傳到南市監獄。那位測字的難友一聽到這消息，立刻就會悟到自己對那「相」字的拆法因「欠」而「錯」了。何以是「欠」呢？因爲把相字解「去梏即在目前」固然可以，但還欠完全，因爲那「木」字旁沒有動，去了「告」

字，換了「目」字，必須「就木」才能成爲「相」字。所以這相字完全不欠缺的解釋應當是：「去梏目前，即行就木」才對。這樣解釋，不特恰當，且解得完全對了。

不過，當時縱然那測字的會看出的話，似乎也不敢作此斷語的。我有四個朋友當時是和他們關在一起，這故事是他們目睹的。像此種因有所欠而斷錯了的情形，想也是測字先生所難免的。於此事倒也可以看出，測字之事確有神奇之處，而論斷不靈的，只是測字先生自己工夫不夠罷了！

四：神奇的易數

中國有一本書，可以說是世界上最古老、最高深、最神秘、最奧妙，而傳奇之事也最多的，叫做「易經」。因爲這本書，在孔子時代就是一本奇書，孔子一生讀這一書還沒有把它讀通，所以他當晚年的時候，還嘆氣說：「希望能多活幾年，讓我學好易經，此生就沒有大遺憾了！」當時還沒有紙，（孔子後五百多年才有紙）所以當時的古書都是用漆寫在竹板上面，再用獸皮爲繩，把它串在一起的。據說，孔子研讀易經，曾經「韋編三絕」，就是說把串書的獸皮翻斷了三次，可知孔子在這本書上花了多少心血的。因此，這本書成爲中國古書中的第一本經書。

這本書之所以神秘，不單是它是中國文字的開始，更重要的它是用「八卦」說明天地萬民「造化」之理，這「八卦」是不知年代的古聖人「伏羲」，從觀察天地萬物的造化現象才畫出來的。後來被古代帝王用作卜問國家天下事吉凶趨避之用，那就是所謂「卜卦」了。這卜卦之事，到了殷朝紂王把文王囚於羑里時，文王在獄中無事，才把八卦演爲「六十四卦」。後來又經過周公的解釋，孔子的註釋，所以有「易經三條」之手的說法。這是說易經這部書的來歷。

除了易經這本書自古就作爲占卜之用而形成其神秘性之外，還有一事使人們把它看作奇蹟的，就是古書中的「六經」，即易經、書經、詩經、禮經、樂經、春秋，經過秦始皇的「焚書」浩刼之後，而能不被秦火破損，一字不缺的，就只有易經這本書。易經之所以不被焚，雖有許多說法，而秦始皇自己相信占卜之事，重視易經，因而不敢把它燒掉，則是一個主要的理由。不管什麽理由，數千年來獨有易經之能夠歷秦火而不損隻字，不能不被視爲近於神蹟了。

所有中國關於占卜五行術數之類，都是由易經演變而成。這原是古代的一種科學，只因被人迷信了，所以變爲迷信之事。現在就以秦始皇的一件大事來說。秦始皇之所以取名「始皇帝」，因爲他併吞六國之後，中國才眞正統一了，所以稱號「始皇」；同時他也是一個空前野心的皇帝，打算由自己「始皇」開始，以後「二世」、「三世」地傳下萬萬世的。秦始皇去世前五年，以國家天下事問卜於燕人盧生，盧生奏曰：「亡秦者胡也。」當時北方胡人時常作亂，他就相信占卜所言，亡秦之患，乃北胡匈奴；於是他就派名將蒙恬，發兵三十萬人，北伐胡人，並開始修築萬里長城。秦始皇有兒子多人，長子名扶蘇，幼子名胡亥。帝位當然要給長子扶蘇的。扶蘇是一個很好的太子，當秦始皇三十四年即去世前三年「焚書坑儒」的時候，太子扶蘇事後進諫道：「天下剛剛安定，諸生都要遵孔子讀詩書，父王如此做法，深怕天下不安！」始皇大怒，就派太子到蒙恬軍中監軍去了。

秦始皇太子扶蘇雖然因進諫觸犯父王之怒被派去監軍，仍不失其皇儲的身份。這事情演變得很奇怪，始皇去世那年，東巡到今之山東沿海一帶；在琅邪地方見到徐福。但徐福是一個方士，也就是十年前始皇因聽說東海中的蓬萊仙境，有不死之藥，就派他去帶童男童女各三千人，乘樓船入海求仙藥的。此時徐福因耗費鉅大，沒有求到仙藥，怕始皇辦他，就騙始皇說，蓬萊仙藥本可得，只因常被大鮫魚所阻，所以海船不能到達，現在打算帶同善射的同去，能把大鮫魚射死就得了。

於是秦始皇當夜就做夢自己與海神交戰。因見海神像人形，就問占卜詳夢的博士說：「海神何以和人一樣呢？」

博士說：「水神不可見，大魚蛟龍就是水神的現形，現在皇上夢中所見的是惡神，不是海神，此等惡神海神都應把它除去，才能見到善神。」

於是就備辦捕獲大魚的工具，並且自己在船上用連弩等候射殺大魚。從琅邪北航，到了芝罘地方，果然射殺一條巨魚。

之後，始皇到了平原津地方就得病了。不久竟然死在沙丘地方。此時才明白，原來始皇夢中不是與海神作戰，而是與死神掙扎的。始皇死前曾留下遺詔給太子扶蘇的。這遺詔封好交給得寵的太監趙高。因趙高素有野心，且曾是胡亥的老師，胡亥和他很好。於是趙高和胡亥以及丞相李斯，就共同陰謀把始皇的詔書毀掉，假了兩道詔書，一道是立胡亥爲太子，一道是說扶蘇與蒙恬有罪，賜死。

這樣一來，長子扶蘇和名將蒙恬被殺。而胡亥就接位爲「二世」皇帝了。胡 是秦始皇的少子，本無資格接位做皇帝的；但想不到始皇偏偏死在出巡途中，遺詔又落在趙高手裏才有此事，然而，誰也想不到，二世接位後一年，趙高把丞相李斯殺死，自己做丞相；第三年，楚霸王項羽興兵大敗秦軍，趙高又把二世胡亥殺掉，而秦始皇所夢想的萬萬世天下，竟然止於二世的第三年就亡了。這一切一切的，原來都已在從前那位燕人方士盧生所占卜的奏書中——「亡秦者胡也」的「胡」不是「北胡」，而是「胡亥」！

除孔子讀易經曾經「韋編三絕」外，歷代有名的學人也都對易經花過心血的。其中以宋朝大儒朱熹則是一個以「面壁九年」聞名的。

宋代學者中，以邵康節與朱熹二人因研讀易經，深知術數之理，曾被世人把他兩人有許多神化的話。朱子是大家所熟悉的，現在就先說關於朱子的事。

朱子是安徽婺源人，幼隨其父宦居福建的崇安和建陽兩地　後來他也在那裏講學終老，現在建陽還留有朱子講學的所在叫做「考亭」，後面有水田，田裏的青蛙有兩點與別處不同：一點不同是這裏的青蛙項上是白色的一圈；一點是這種青蛙不會呱呱地叫。相傳這就是朱子當年在這裏講學時所留下的奇蹟。這奇蹟的故事，說來實在是很奇怪的。

有一年夏天的晚上，朱子正在燈下和學生講解易經時，屋後田裏的青蛙呱呱地叫得特別響亮，把他們的耳朵都鬧得差不多聾了。因為夏天，又無法把門關緊，那時朱子正和學生講解易理上的萬物造化之事，說是如果我們能參透易理，就能夠與萬物一體　與萬物靈通，能知萬物之情，也能改變萬物之性。

這時有個學生就問：「到底要用什麼方法才能與萬物靈通呢？」

朱子說：「把萬物當做人一樣，就可以和它通靈了。」

此時另有一個學生問：「如果依夫子所說的，那末，像現在青蛙在叫，我們若對牠們說不要叫，是否牠們就可以不叫呢？」

朱子說：「是的，如果你能夠運用易理的話。」

一會，因爲青蛙叫得太響了，學生又說：「夫子，你可以運用易理叫青蛙暫時不叫嗎？」

學生們聽了都在微笑，以爲這有些近於笑話了，彼此也寂然無聲。

此時朱子雙手捧着易經，閉着眼睛正在定神。這是朱子時常有的事，他隨時遇到一個需要深思的問題，他立刻就閉上眼睛靜坐定神。學生看見老師在定神，大家便學他靜坐一會了，在沉寂的書齋中，只聞外面傳來的青蛙叫聲。

「子眞！」朱子在叫學生中最年輕的一位名字，「你出去對牠們說，今天晚上不要再叫了！」朱子還是閉目靜坐。

學生們突然以驚怪的心情思量朱子這句話，到底是說笑話呢，還是眞的在試試看呢？一面他們就用一種催促的眼色，集中在同學子眞身上，要他快一點出去對青蛙說一聲，看看老師是否說笑話。

子眞原是不肯出去的；因爲他以爲這完全是說說笑話，是不可能的事實。但因大家都在促他，有的用眼光，有的努着嘴，於是他就走出去了。

他到外面轉了一個彎就回來，他當然不會對青蛙說那句話。

「呱，呱！」青蛙仍然在叫。

「嘻，嘻！」學生中也禁不住輕微地發出笑聲了。

「子眞，你對他們說了嗎？」朱子還是閉着眼睛。

「對牠們說了。」子眞在騙朱子。

於是朱子皺一下眉，放開眼睛，打開手中的易經，得了一個叫做「噬嗑」的卦。他就隨手取了一張白紙，把它重摺了好幾重，然後用剪刀剪作圓形，當中再剪一個圓孔，交給子眞，正色的對子眞說：「你拿這出去，先對牠們說：『叫你們今晚不要再叫，而你們偏叫！』之後，你把這一叠紙圈，向田中擲去。」

子眞由朱子手中接過紙圈，轉身就急急跑出去了。

這一次他再不敢不聽話了。

他就按照老師所吩咐的，先面對田裏正在呱呱叫的青蛙說：「叫你們今晚不要再叫，而你們偏叫！」之後，就將手中一叠紙圈當中一撒。

奇怪的事突然發生了！子眞原不知這紙圈有什麼作用，把紙圈一撒之後，正想等等看看有什麼情形。想不到，這紙圈一撒，田裏青蛙突然無聲；但是，怪事却也隨即發生。

書齋裏的同學們看見子眞拿着紙圈出去，大家也都莫名其妙，只有彼此都屏息地等待子眞回來看看究竟了。子眞出去不久，大家突然覺得萬籟無聲的大沉寂一下，彼此心中都有一種異常的敏感。正在驚異之間，忽然聽見田裏一陣擊水的聲音，接着又聽見子眞一面驚叫一面奔跑的聲音，大家都跑出去了；只見數以百計的青蛙，從田裏跳出，群向子眞襲擊。大家就奮勇把子眞救了回來。子眞被衆人扶進書齋，面無人色地兀然坐着半天不能說話。

朱子看那情形似乎也有些驚怪，就過來對子眞說：「何以會這樣呢？是我害了你嗎？」子眞對老師搖搖頭，表示不是老師害了他。

這時候，外面月色頗好。同學中有個突然大叫一聲說：「看呀！青蛙統統變為白項了，一聲也不響了！」

大家都望門外一看，果然一大群的白項而無聲的青蛙，還在書齋門口空地上跳來跳去，不肯回到田裏去。

此時朱子心中明白了，就轉過頭來對子眞說：「剛才你做錯了事了，你沒有聽我的話，你騙我！」子眞點點頭，承認自己的錯。

於是朱子就取了一張白紙，用手撕成有面盆大的圓形，中間也撕一個圓孔，從子眞頭上套進項間。另取一張白紙不知寫了些什麼。然後，朱子就帶子眞步出門口，叫子眞伏在地上作青蛙狀，一面取火焚化那紙條。說也奇怪，紙條一燒，立刻原集在空地上的青蛙，必必拍拍都跳回田裏去了。

第二天朱子就對學生講解昨晚青蛙發怒的道理。他說，當他說一次靜坐時，得一個卦象，是說「與蛙可以通情」，所以他叫子眞出去叫牠們今晚不要再叫。但子眞沒有說。我第二次所得的卦象是說「鎖牠們的喉」的意思，所以我用紙圈去鎖住牠們的聲音。因爲上次子眞沒有對牠們說，所以牠們就對子眞發怒報復了。

有一年春天，大約正月元宵過了幾天，還距離「驚蟄」節期前兩日，鄉下養蠶的人家都已把蠶卵鋪了出來，準備雷鳴出卵。農村有句話罵人說話害人或是咀快說話佔先的，叫做「驚蟄未到雷先發。」因爲所謂「驚蟄」，是每年二十四節氣中的第三節，這時候也是春雷初發的時候。「蟄」就是指許多冬眠的爬虫和昆虫以及虫卵，就在春雷第一聲「驚」醒，有的冬眠結束，開始爬動；有的從卵當中破殼而出，春蠶就是這樣。據說，最好是驚蟄那天雷鳴，那末今年的氣候就會正常，田裏的害虫也不會太多。但是有時也會在驚蟄前後幾天才雷鳴的。若是在驚蟄前雷鳴，就是不好的了；所以鄉下人都在驚蟄前就開始注意雷鳴之事。養蠶的，也早就把蠶卵鋪出來了。

學生中有個對二十四節氣有研究的，有天就問朱子說：「夫子，今年春雷第一聲在那一天，你知道嗎？」
朱子隨口答說：「大約就在這幾天吧！」
學生再問：「有沒有方法去查出正確的時辰？」
朱子遲疑了一下，似乎不願意學生知道這些事，就說：「可能知道；但不能用什麼方法。」
接着他又告誡學生說：「這是屬於術數之學，而我們讀書，重在養性修身，不重視此道；但是，養性修身到達了某種境界，這些術數之事，自然而然就會通曉的。」
雖然朱子對學生這樣說，自己又覺得需要使學生看見事實，證明自己所說的話不是隨便的。於是第二天他就告訴學生說，今年春雷第一聲，當在驚蟄日申時。很快就把這話傳出去了，那地方的人都知這朱夫子說今年驚蟄日申時雷鳴了。學生中有的相信，有的還替老師担心，深怕萬一不靈的話，朱夫子的美名就會受損了。但是，事實果然驚蟄那天午夜後就開始陰天，申時眞的隆隆然春雷鳴了！從此後，地方人士都把朱夫子看同神仙了。有許多有關天文地理以及家庭私事，地方公事，也都來請教朱夫子了。
又有一次，春夏之交時節，學生們正在堂中傾聽朱子講解易經中關於「地雷復」的卦理。突然天氣變化，天陰地黑，山雨欲來之勢。隱隱中似又聽見雷鳴之聲，在地中不在天上。朱子講書差不多講了一個時辰，雨也不來，雷也不發，天氣翳悶非常。

學生中有人發問：「夫子，今天何以雷在地中，不在天上？」

又一個問：「今天的雷雨會不會化爲無有？」

朱子就笑指着他面前的桌上說：「等我們說完這一卦，把桌上這卦爻收起時，雷就會爆發的。」

果然一會書講完了，把桌上卦爻剛剛收起時，但聞屋外轟然一聲，閃光雷雨一起爆發了。

朱子笑對學生說：「今天雷公被我們騎在地下了！」

在朱子講學地方有鄉村的人家。有一個時常到朱子書齋來玩的小孩，很頑皮，學生們都很討厭他；但朱子對這小孩却另眼相看，時常和這小孩有說有笑。朱子晚年，叫附近燒瓦的，替他燒一具瓦棺。又請裁縫師傅替他剪裁兩套紙的壽衣。學生們莫名其妙。有一天八月二十七日孔子誕，年例這天要請附近人家每戶派一個小孩來參加「捫疍」慶祝。孔子誕「捫疍」，是以前私塾每年一次的樂事。怎樣捫疍呢？把鴨疍連殼煮熟之後，用紅朱在疍上寫各種官名和美譽，如宰相、尙書、知府、知縣、狀元、榜眼、探花以及忠臣、孝子、勤儉、謙卑之類，然後放在大盆中，上面蓋以白布，舉行焚香祭聖之後，按着參加的人年齡，由長至少，每人伸手去抨一個出來，給大家看看抨的是什麽，大家向他拍手道賀。那天那個頑皮的小孩，參加抨亙之後，朱子就帶他到屋後去參觀那具瓦棺和紙衣。

小孩問這瓦棺是誰的。朱子告訴他說：「小孩子，你記住：我將來死了，就是穿這紙衣，用這棺材的！」

小孩子看看瓦棺和紙衣覺得好笑，就問：「朱夫子，你爲什麽要用瓦棺？」

朱子說：「用瓦棺，我的屍體不會壞。」

當時學生們都不懂老師何以對這頑皮討厭的小孩子做這件事。一直等到朱子去世後若干年，當地有名的墳墓多被盜墓的賊所鑿開，惟有朱子的墓完整無損，不被盜竊，此時才知道，原來這個盜墓的賊子，就是當年那位頑皮的小孩。

至於上面提過的那位邵康節，雖然在學術的地位上不如朱熹的享有宋朝一代的大名，而在易學術數方面，則遠在朱子之上。邵氏比朱子前一百多年，與程子同時。

邵氏的名著「皇極經世」，根據易經的道理，把世界的生滅年代都說明出來，其中算明每個年代若干萬年，也會爲當時大學者如程明道兄弟和張横樂等佩服，眞是大胆的傑作。相傳邵氏神奇之事甚多。有一次有個朋友去看他。那時候是宋慶曆元年正月，朋友就問他今年天下事情如何。

因爲朋友知道每年立春邵氏必排卦觀察本年的國家天下事，所以一見面就問他這個問題。他答說：「今年大事，西夏入寇。」

朋友因爲當時西夏稱帝，猖獗西北方，就問：「國事如何？禦敵有道否？」

他答說：「無妨，有范仲淹和韓琦二人在，可以禦敵。」

果然，那年西夏來征，宋帝遣范仲淹、韓琦二人統兵禦敵。當時朋友曾問，西夏之亂，幾時可平？他說，經過三秋，西夏請和。後來事實也全驗。

另有一次，有人問他關於宋朝的天下可得若干年代。他先取了一卦說：「丁未建見二火，二帝北去，國災。」

計算起來，丁未之歲要在六十多年之後，既言「國災」，當非亡國，於是朋友又問：「所謂建見二火，二帝北去何解？」

邵氏說：「有關帝祚，未可明言。」

「那末，宋的帝祚尙有若干年？」

朋友提出這個問題時，他再取一卦答道：「從今而後，見十龍，歿火牛。」

這位朋友當然也畧知五行之學，所謂「十龍」乃言十個皇帝，所謂「火牛」乃言丁丑之歲。

後來知道，所謂「丁未建見二火，二帝北去，國災，」乃言丁未歲宋高宗建炎元年，徽宗欽宗二帝被金兵捕去。所謂「十龍」，即由「哲宗」起至「恭帝」止共十帝，而宋恭帝只在位二年，第三年即所謂「火牛」的丁丑歲，宋亡國。

邵康節精於易理術數，以此事來看，他是宋朝熙寧十年合西曆一〇七七年逝世，而宋建炎元年是一一二七年，元世祖丁丑歲是一二七七年，距他去世二百年後之事竟然都能明言。

又有一次，有個人因父親出外，兩年沒有音訊，想來問他關於父親生死問題。邵氏看見那人從前門走進時，一面走一面看，走走停停，就注視他；等到走到面前，邵氏不待他開口，就對他說：「你立即回去，你的父親已經到家了。」那人驚奇，立即回去，果然他的父親已在家了。

第二日，那人就和他的父親一同來到邵康節家裏，一則來致謝他的昨天之事，二則要來問他，何以不待他開口，而能知他的心事，而且能知二年沒有消息的父親，已經回到家中了。

邵氏就對他解釋說：「凡人心有所思，必形於色，這是大家都知道的；進一步，心有何求，也必形之於外表的動作。那天，我從你的走路步伐看，得一卦象，那卦象的意思是說：『出門尋父，父已進門。』所以我就知道你的心事了。」

接着那人就請教邵氏關於子息的事；因爲他結婚五年了，而且也納了一妾，仍未得子，要邵氏給他指津指津。邵氏就替他起了一個神課，對他說：「明年此日，你有兩子同時作滿月。」

那人聽了非常歡喜，父子兩人同聲道謝說：「謝你的金言，明年此日一定來請你吃滿月酒，今天就和你預約了！」

邵氏想了一想就笑說：「你和我預約，我却不能就答應你，因爲明年是丁巳火蛇之歲，將見金猪升天，我那時將是出門他去，遠在千里之外的。」

於是他們就說：「還有一年時間，到時候再說，你就是不在家，我們也要來的。」

臨別時，邵氏囑咐說：「請你們記住，明年你們要來的話，一定要在請過出月酒第二日之後才可以來；同時只要空手來，千萬不要帶東西來；我若不在家，也不要失望！」

到了第二年，那人果然妻妾兩人同日臨盆生子。請滿月酒那天，本來要去請邵氏的，但因去年臨別時他曾囑咐要等第二日之後才可去，當天就不去請了。第二天，他們兩父子就帶了許多「酒份」去，作爲補串昨天的敬意。那知走近邵氏門口，嚇得一跳，邵家滿門白車素馬，正在發引，原來邵氏已於昨日去世了。兩父子就想進去弔唁一下，但因兩人手中所攜帶的禮物是吉禮，不宜攜進喪家，迫得只好將禮物寄在附近人家，再進去作弔了。

後來才知道，邵氏去年所謂「明年是丁巳火蛇之歲，將見金猪升天」一語，就是說他自己明年要歸天的，因爲邵氏乃辛亥金猪之年出生的。至於他囑咐一定要等請過滿月酒之後才可以來的意思，因爲習俗請死人吃喜筵是大不吉之事，若是當天來請，邵氏就是那天去世，他們兩父子便不免因此宗不吉之事而不愉快的。於此種種情形看來，邵氏的易術精湛，前一年就知道自己何日去世，這還不算什麽特別，而他之能替人思慮那樣周到，吩咐清清楚楚，這就太値得敬佩了！

關於卜卦的事，我自己也曾親見神異的事實。我家是一所明朝式的老屋，四面風火牆，一連三進，每進都有大門，也都有天井，大門額牆上刻有八卦圖，天井則用長方塊大石鋪成。據族中大人傳說，百年前祖宗建造此屋時，像這樣式的是一排三所，一共有九進的大屋。而且當時是曾經延請著名的風水先生來坐鎮家中督建的。

據說當時因有三房子孫，故建此同樣的三所大屋。當中一所分給長房，左邊分給二房，右邊則是我家的第三房，百多年來，有一次火燭，兩次大颶風，長房和二房的屋子都受了損壞，因不曾照原樣的修建，以致他們兩屋的風水就不好了。一向我家三房似乎也確然都平安順遂，不像長房和二房那樣丁薄財破。像這樣情形也只有用屋子的風水理由解釋了。有一年，家裏人發覺這近四年來我們第三房也有不利之象發生，就是這四年來，每年這屋子裏，顯然都死一個十歲不滿的小孩。而且可以指出的，頭一年是第三進屋裏死了一個八歲的小孩，第二年是第二進屋裏死了一個七歲的，第三年是頭進死了一個五歲的，而那年第四年年底，又是第三進死了一個九歲的。這樣看來，明年第五年，恐怕要輪到第二進了。

據族中大人說，這一定是屋裏風水發生了毛病，預備明年過了正月要到城中去卜卜屋卦，看看風水的。到了明年正月過了，家裏人因爲忙，沒有時間上城去，就想挨到五月節過後去。那想得到，那年第二進屋裏果然有個六歲小孩，因爲五月節吃太多粽子又病死了。這一下家裏的大人尤其是我住的頭進屋裏的大人們更怕了；因爲如果今年不把這風水改好，明年就要輪到我們頭進了。於是家裏人就上城去卜屋卦，打算如果看得出毛病，就不必請風水先生，如卜不出毛病所在，就要請風水先生下鄉來看了。

說也奇怪，城中有一家卦館叫做黃吉齋的，是祖傳的易術，他爲我們卜出的卦，能夠把我們屋子的三進形狀說得清清楚楚還不算奇，奇的也能把這四年來住在這屋子的男孩子每年要死一個說對。這一來我們就不能不相信這卦卜得太對了。

於是就請教他這毛病到底出在那裏？卜卦的說：「這屋子坐東南偏南，向西北偏北，因西方高山之上有日月煞，以前左隣屋上有物可抵此煞，想是四年前此物破損了，因而煞星臨到此屋。其次，第二進的中間屋左邊石廊上，有一塊石頭，大約也在那年中斷。」

他又解釋說：「此屋廊上和天井所鋪的石頭，只宜雙數，不宜單數，今因此石斷了，變成單數，屋內風水便隨之損壞了。」

當時家人聽了這話，只能記起左邊隣屋上就是二房那所大屋的屋頂上，原建有制煞的獅頭，四年前確因一次颶風被打壞了，沒有把它修理好，至於家中二進廊上那塊石頭中斷之事，根本就不知道有此事，一直等到從城裏卜卦回到家裏，去看看那塊石頭，才發現在大石臼之下的那塊石頭，確有裂痕。

「一查之下，也果然是四年前有一次過年做年糕，兩人對椎臼米時才把這塊石頭臼斷了的。由於我家的屋卦卜靈了，鄉中許多家運不好的也都去卜了。其中有一家是我的親戚，前幾年新建一所屋子，半夜常聞怪聲，家人也常生病，就去卜卦，要明白那怪聲究從何而來。

那親戚新建的屋，半夜到底有何怪聲呢？當他們前幾年秋天剛剛搬進新屋居住時，就不時聽見這怪聲，當時以爲是新屋關係，木材沒太乾，不加注意。是什麽聲音呢？原來每到更深夜靜，廳堂上不時發出「拍、拍」的好像木板被風吹乾的爆裂聲音。因爲剛搬進的時候正是秋風乾燥的季節，以爲這是木材乾裂的聲音，就不加怪異。但是，後來到了春天，天氣潮濕，論理不該再有此聲音才是；然而這聲音依舊有，而且到了春天還多了一種聲音，那就是「呱、呱」的好像青蛙叫的聲音，奇怪的是這聲音都是發於廳堂中，聲音因而特別響亮，幾乎全家人都能聽到。

這怪聲困惑了全家人。起先以爲這是鬼聲；但新建的屋，也不曾有人惡死過，何來的鬼？同時，除了這聲音之外，並沒有其他的異象，又不像是鬼。有一年夏天，大家以爲廳堂裏無人居住，缺乏陽氣，乃有此陰氣的作用也不一定，就叫好幾個男人睡在廳堂，但是不睡還好，睡了人反而厲害，偏要在你快要睡着時，「拍」的一聲，「呱」的一叫，把人吵醒了，弄得你一夜都不能好睡，眞是無可奈何。

也自搬住新屋那年起，小孩們時常患病，可以說沒有一個小孩沒有病過，而且也病得奇怪，個個都是不想吃東西，面黃骨瘦，醫生却又看不出有什麽病。大人們每到春夏季節，也就是那種「呱、呱」的聲音一有時，個個都患喉乾咳病，此病原是秋天才有，而他家偏隨着那怪聲於春天就發作，數年來爲了這怪聲和怪病，全家人都受了怪異的威脅。原想把這屋賣掉，但此事又已傳遍四里，鄉人都以爲此屋有妖怪作祟，賣也賣不出，租也沒人敢住。

我的親戚去黃吉齋那裏卜卦時，並沒有把這情形告訴他，只將屋主的姓名、時辰八字，以及屋的坐落方向，寬長方丈以及上樑那天的日辰等等告訴卜卦先生。因爲通常來卜屋卦的，都是家運不利或是屋中有怪象發生，所以不必要說的。

黃吉齋把卦卜好，就看着卦象向我親戚問說：「你當年建蓋此新屋之時，和那位主理的木匠，有無彼此不開心之事？」

「有！」他就對黃吉齋解釋說：「那木匠實在可惡，脾氣又怪又貪心，所以我們時常不開心的。」

「毛病就在這上面，這是那個木匠有意害你。」黃吉齋繼續把卦象解釋說：「依卦象看，屋中的中樑有毛病，大既那木匠也懂一點易數，在上樑那一天，按着某種時辰，在樑西上彈了一下「墨斗繩」；又在樑中放入一隻小青蛙；所以如果你現在不回去把那條墨繩的黑痕刨去，不把那乾掉的小青蛙乾取去，那末這怪聲可能維持三四十年之後，等到墨色退盡，青蛙乾化灰，才會慢慢沒有的。當然，這病的青蛙若沒有灰化，家人的怪病也不會斷根的！」

這位黃吉齋所卜的卦眞是一點也不錯。我親戚一回家，就叫目力好的年青人，看看中樑上面有沒有墨繩的痕跡；果然看出上面有一條黑痕，正是墨斗繩打的。於是就僱人在廳堂搭起高架，叫家人上去把釘在樑上一塊從前上樑那天安上去的紅漆木板，上面寫有「福星拱照」四字的取去，果然又發現樑中有一小窟窿，裏面藏有一隻枯乾的小青蛙。隨手再把那條墨繩痕刨去，從此之後，怪聲也沒有了，家人的怪病也霍然好了！你看這卦卜得奇不奇？

關於卦課之事，除對於卜卦，起課本身的易理要精通外，對於人生的世故和智識也要有豐富的修養才行，從前沒有讀過多書的人，也可以學一套判事斷物的方術，叫做「起數」的，即所謂「遇機起數」，也有非常神妙之處。相傳以前江西龍虎山張天師所住的地方附近，有一家課館，專做去龍虎山求張天師符咒的人的生意。

有一次夏天夜裏，忽然降一陣驟雨。一會，課館外面有人急急打門。裏面師徒二人聽見有人打門，認出是隣人甘家的聲音。師傅就利用這機會教導他的徒弟，就對徒弟說：「你試起一個數，看看甘家來做什麼？」

徒弟就遵命立即起了一個數，告訴師傅說：「師傅，數示『有人來，借物。』」

師傅說：「所借何物？」

徒弟答：「此物乃金短木長之象。」

師傅知道他的智慧只能看出「金短木長」形象，而不能判定何物；於是就指示他說：「依你看，此物到底是鋤頭還是斧頭？」

徒弟仍不能判明，只是勉强答說：「斧頭。」

師傅說：「你錯了，應是鋤頭不是斧頭。」

及至徒弟去開門，問甘家何事，甘家果然是來借「鋤頭」。

甘家去後，徒弟就請問老師：「在數上只能看出此物乃金短木長之象，何以必斷爲鋤頭而非斧頭？」

於是師傅就對徒弟開導此中的道理，他說：「數中的形象既係『金短木長』，又是屬於可以『借用』之物，則此物當不是『貴重』的而是『常用』的東西無疑；常用的東西，就只有鋤頭與斧頭了。這是就『世故』之理所作出的論斷。至於何以不能斷爲斧頭，而當斷爲鋤頭，那就依當時『情況』如何爲根據。凡事要作出任何判斷，自己都應當有所據，不可隨便說；你方才所斷的『斧頭』就是隨便說的，因爲你並無所據。而我之所以斷爲『鋤頭』，乃以當時情況爲根據的。」

說到這裏，他就對徒弟說：「你說說看，當時的情況如何？」

「當時是天降驟雨，打門很急，」徒弟說。

「還有呢？」師傅問。

但徒弟說不出還有什麼。於是師傅說：「還有一件重要的事不可忽畧，那就是『夜裏』的時候，這時間極其重要。因爲是在夜裏，那末『夜裏』『驟雨』當與『日間』『晴天』完全不同了，你明白嗎？」

徒弟聽到這裏，便點點頭，表示關於時間性的重要已明白了。但對於鋤頭與斧頭兩者之間的斷定，還不得其理。於是他便插嘴問道：「如果在日間晴天，是否可斷爲斧頭呢？」

師傅笑了一笑道：「那也不是這樣簡單，還要看是上午幾時或是下午幾時。」

他繼續說：「現在我要先把我何以斷爲鋤頭的道理說給你聽，你就會明白其要旨。你想，在這山上，天降驟雨的夜裏，甘家要急借斧頭作何用？斧頭通常用於劈柴，此時將要就寢，絕無臨時劈柴的需要。那末，就這『驟雨』的事看，他的借物乃『臨時』之用，而且與『驟雨』有密切的關係。」

師傅說到這裏又問徒弟道：「我想，你現在該會明白其中妙理了，你可說說看對不對。」

「師傅，我明白了！」徒弟似有所悟地笑了起來，「那是因爲突然下雨，溝道一時不通，所以甘家來借鋤頭是挖開溝道的！」

「對了！」師傅也笑逐顏開地自鳴得意了。

像這樣關於人情世故以及天時地理上的常理常情，都與易數有密切的關係，這關係一明白了，就不至對於易數之事有何太神秘的感覺。所以像古人讀書既多，見識豐富，對於易數卦理，就自然比一般人有其獨特的見地了。至於卦象之所以成形，數象之所以成物，雖然比較不易解釋，但這些乃從古人把經驗留下來的東西作爲根據的，淺學的人不太明瞭也無關緊要；至於對易學有深湛研究的人，不特能夠說出其中道理，而且也更有所發明的。總之，這並不是迷信，而是一種學術。

關於起數的事，現在再舉一件有趣的說一說。我們現在睡的枕頭是軟綿綿的，也有是硬皮製的，但在都市裏長大的人，還有一種叫做「瓷枕」，恐怕連聽見也不會聽見過的。這種瓷枕，從前也是江西著名瓷城景德鎮的特製，白瓷，上面繪有彩色或青花的各種花紋，大都是備給夏天用的，不過從前的人也知道睡時頭部宜冷不宜暖，所以有的人，就是冬天也睡慣了瓷枕的。就現在的古董瓷器的市價來說，如果是清朝康熙年間出品的彩色瓷枕，或是明朝萬曆年間出品的青花瓷枕，一對可賣數百元乃至千餘元高價，據說從前有個人夏天躺在涼床上午睡，忽然被房中的老鼠鬧醒，醒時看見有兩隻老鼠正在對面的地上吃東西，他一時心急找不到適當的東西，就隨手把床上的枕頭猛猛地投過去了。當時他忘記了那枕頭是瓷製而一擲會破的，等到擲了過去，「砰！」的一聲，已來不及了。

結果呢，老鼠沒有擊到，賠了夫人又折兵，枕頭打碎了一隻，心中又氣得脹肚，無奈何，起來拿了掃帚去掃掃破片。奇怪，在破枕中，發現有一塊瓷片上面刻有字句。隨手拾起一看；奇哉妙也！你想那破片所刻的是什麽字？竟然清清楚楚的刻着：「此枕因投鼠破」六字！

本來他心中是一肚子的怨氣，現在看見這枕中的字句，倒又好笑又驚奇起來了。此君一發現這字片，心中一驚奇，就不把地上的碎片立即掃去，拿了這塊破片坐在床邊上一面端詳一面忖想。此君也知道關於起數的事，他明白這是製枕師傅能夠起數，當製枕時有所「觸機」，在數中看出此枕他日乃因投鼠破碎，所以就刻下字句在裏面的。

於是他就想，枕頭本來是一對的，製時是同時製，那末起數也當有同樣的斷語，難道那隻枕頭他日也是因爲投鼠而破嗎？想到這裏，自然而然的，就伸手去拿那隻枕頭，看了又看，希望能看出什麼字跡來。但是，沒有什麼發現。瓷的枕頭在當時只值一二角錢，是不値錢的東西。他就想，枕頭本當一對，現在既破了一隻，剩下一隻也不好看；而且既然這一對枕頭註定了是因投鼠而破，就不如今天就把它摔掉，免得他日因投鼠，像今天一樣，老鼠又擊不到，心中徒然受了怨氣，於是他想定了，就坐在床沿上，拿起枕頭，猛猛地向那剛才投鼠的地方，就是現在許多破片的地方擲去。當然，也照樣「砰」的一聲破碎了。

他懷着好奇的心情走過去，預備把同樣的字句檢出來，看看是不是說這兩隻枕頭同樣的命運。事情却奇怪得出了他的意料之外，其中雖然也同樣有字句，但字句却不和前枕相同，你想刻的是什麼字嗎？竟然是「此枕因彼枕破」六字！

「奇哉！」他一個人竟然自言自語大笑起來。

此君爲了此事，自己看到了易數竟然有如此的奇妙，實在覺得太有趣也太有奧秘值得硏究了。如是他想知道這起數之事到底根據什麼會有如此大胆的斷語呢？他從那破了的枕頭，查出了製造的年代只是前幾年的事，於是他就去拜托江西的朋友，請他設法轉託景德鎭上的熟人，查一查會起數的那位師傅，把破枕的事告訴他，讓他知道他前幾年所起的數完全應驗了；同時也問問他，請他告訴當時何以能夠作出如此的斷語。不久，果然得到回信，知道了大概情形。

據說起數之事必須「遇機」，不是自己要起數就起數，必須先有一種奇異現象。據那位製枕的師傅說，製枕那天，泥土突然墮地，現出含有「投鼠忌器」的卦象。於是引起他的好奇，將泥土拾起再擲地復一卦。卦現「粉身碎骨」之象。又因所墮地的泥土只夠製一隻枕之用，所以就把它書明「此枕因投鼠破」字樣。製枕是一對成雙，勢所必然，將剩一隻泥土照前法復一卦。如果卦象是「鴛鴦同命」的話，那就同是因鼠而破，但那天所得的卦象不是鴛鴦同命，而是「男女殉情」之意，所以就把它寫爲「此枕因彼枕破」了。

據說起數的師傅只是依當時所得的數象爲斷，至於自己所斷的是否應驗，自己沒有把握，要等以後事實去作證明的。

五：盤古原是金蟲

據說在天地還沒有分開的時節，這宇宙好像一隻大鷄蛋。最初只像一隻壞的鷄蛋，其中蛋白和蛋黃混在一起，是一種「混沌」狀態。後來就在這混沌裏面，生出一個盤古來，才漸漸把其中輕清的氣體上浮成皇天，重濁的氣體下沉成爲地后了。

這是我們中國人的想像，也是傳說：但這傳說和今日科學的理論，却大體相符。科學家說天地未成之初，只是一片「星雲」，後來漸漸才結成太陽之類的星球。這太陽、地球之類懸在太空之中，不就是蛋黃嗎？那無邊的太空，不就是蛋白嗎？

根據科學，宇宙是經過若干次改變的。我們所居住的地球，並不是原始就這樣。所以所謂「開天闢地」的盤古，也有各種不同的說法。現在首先根據一本研究中國古史有名的書叫做「古史辨」的，曾記載一篇畲族民間所唱的「狗皇歌」，把它所說的情形寫出，作爲這篇故事的開始。更奇怪得正巧，據說當初盤古，曾在廣東立過皇朝，生過孩子的。

狗皇歌這樣說：在古時高辛王當朝的時候，有一年，皇后娘娘忽然得了耳痛病，整整痛了三年，百般醫治，沒有效驗。後來從耳朶裏挑出一條金虫，狀似春蠶，大約有三吋左右長。虫一挑出來，耳痛病居然刹時間就完全好了。皇后覺得奇怪，便把這條虫用瓢離盛着，又用子蓋好。

結婚後，槃瓠帶着愛妻到南山去，住在人跡不到的深山岩洞中。公主脫下華貴的衣裳，穿上鄉下人的服裝，親身操作，甚爲相得。槃瓠則每天出去打獵，以此爲生。他們所居住的地方，據說就是廣東南海的地方。幾年後他們生了三男一女。有一天兩夫婦帶了兒女去看外公外婆，就請外公高辛王賜給他們姓氏。因爲大兒子生時用盤裝的，就賜姓盤；二兒子用籃子裝的，就姓藍；三子生時天上打雷，就姓雷；女兒招了一個軍丁，跟他姓鍾。據說，這位「槃瓠」就是「盤古」的轉音。

那想得盤子裏的金虫忽然變成一隻龍狗，遍體錦綉，五色斑爛，毛光閃閃。因爲牠是從盤子和瓠離裏面變出來的，所以把牠取名叫做「槃瓠」。高辛王和皇后看見這狗，旣奇怪又好看，當然非常歡喜，視爲活寶，行坐臨身，寸不離步。

那時忽有一個房王作亂，要打高辛王，高辛王憂慮國家危亡，想到沒辦法時，便向羣臣宣佈說：「若是有人能把房王的頭獻來的，我願把公主嫁給他，招他爲駙馬。」公主雖然是美麗的，駙馬雖然是高貴的；但因房王的兵强馬壯，斷難敗他，所以羣臣們也沒有一個敢冒險去打房王。

奇怪，高辛王對羣臣說話那天，宮廷裏忽然不見了那可愛的龍狗槃瓠。大家都不知道牠跑那裏去了，一連尋找了好幾天都杳無踪影，高辛王和皇后心中又憂愁又奇怪。

原來槃瓠這狗能通人性，牠知道高辛王向羣臣宣佈的是什麽事。於是當天牠就偷偷地走離宮庭，直奔房王軍中去；既見了房王，搖頭擺尾，取悅房王。這龍狗原是當時天下奇聞，房王早知此事；所以一看見槃瓠走來自己軍中，房王十分高興，就對軍中諸人說：「高辛氏怕快就要被我們所滅亡了！這條龍狗也知情了，所以不待他滅亡就先跑來投我了！」於是房王就大張宴會，預祝勝利。眞想不到，那天晚上，歡樂的房王喝酒沉沉大醉，正在軍中熟睡的時候，槃瓠便把房王的頭，猛咬下來，連夜跑回高辛王宮中。

高辛王看見愛犬銜了敵人的頭回到宮中，自然喜出望外，連忙就叫人多拿上好的肉醬米飯等餵牠。那知槃瓠只把鼻頭嗅一嗅，便走開了，悶懨懨地臥在屋角，不吃也不睡。高辛王和皇后怎樣呼喚牠也不理。這樣過了三天。

忽然高辛王想起自己那天會對羣臣宣佈的話，便走到槃瓠面前對牠說：「狗啊，爲

什麼你既不肯吃東西，我呼喚你又不肯來呢？莫不是恨我不踐諾言，你想要得公主爲妻嗎？這並不是我不踐諾言，實在是因爲人與狗不可以結婚的啊！」

此時，槃瓠竟然能夠口出人言，說道：「王啊，請你不要憂慮，只要將我放進金鐘裏面，經過七天七夜，我就可以變成人形的。」高辛王看見槃瓠竟能口吐人言，大大驚異；只好聽從牠的話，把牠放進金鐘裏面，看牠怎樣變化了。

一天、兩天、三天……過去了，到了第六天，期待結婚的多情公主怕牠會餓死，就請皇后替她悄悄地打開金鐘一看，果然槃瓠全身都變成了人，只留一個頭還沒有變成，還差一天被公主這一看，就再也不能變成了，於是槃瓠從金鐘跳出，和公主說情談愛之後，就在皇宮中舉行隆重的婚禮了！

上面所述的那隻從高辛王皇后耳朵裏挑出來的「金虫」，後來變成「龍狗」，又變成「人形」；以及從「瓠離」，轉爲「槃瓠」，再轉爲「盤古」；這都是「轉變」的意思。而且這思想極合科學的道理。依生物學的研究，高等動物是從上等動物「進化」而成；所謂進化就是「轉變」。由金虫變爲龍狗，再變爲人形，這是說從「昆虫」進化爲「動物」再進化爲「人類」。至於從「瓠離」轉變爲「槃瓠」，再轉音爲「盤古」，考之中國文字和姓氏的改變和轉音也是如此。所以這篇畲族民歌「狗皇歌」，確具中國歷史文化的價值。

既然人類是從轉變而來，則一切東西都是從轉變而來，當是無疑的。前面已經說過，我們所居住的這個世界，根據地質學家研究是經過若干次的「改變」的。在科學上叫做「改變」，在宗教上叫做「改造」或「轉世」。就是說，世界是不時經過造物主的上帝改造的。根據科學的研究，地球上先有土地礦物，後有植物，後有昆虫等下等動物，最後才有人。根據聖經上所說的上帝創造世界的程序，也是這樣，上帝先創造一切東西，最後才造人。

現在根據這個道理，我們相信這位槃瓠並不就是那位「分天分地」的盤古，只是太古的那位盤古的「人形」化而已。那位生於混沌中的才是最初的盤古。據古書上所說，那位盤古是在像大鷄蛋的混沌宇宙中孕育着，成長着，呼呼地睡覺着，這樣一直經過一萬八千年之久。

有一天，他忽然睡醒了來，睜開眼睛一看：啊呀！什麽也看不見，世界只是漆黑粘糊的一片。聖經上也說：「起初上帝創造天地。地是空虛混沌，淵面黑暗。」這是天地未分之前的情狀，和我們中國古書三五歷記所說的「天地混沌如鷄子，盤古生其中」的情形完全相同。這古人不約而同的說法很奇怪的。

當時盤古覺得這種渾沌黑暗狀況非常可厭。於是他心裏一生氣，好像用大斧頭一樣的向大黑暗中揮去。這一揮，只聽得山崩地裂似的一聲：嘩喇！大鷄蛋突然破裂開來了。

其實不是破裂，只像打雷的霹靂一聲，大宇宙起了變化：其中輕清的氣就冉冉上升，變成了天；那些重濁的東西就沉沉下降，變成了地。這就是最初的「盤古分天地」了。

盤古把天地分開之後，還怕它們還會合攏，就頭頂天，脚踏地，站着天地當中；因爲自己就是和天地一體的東西形成的，所以他就隨着天地的變化了。於是天每天高多少，地每天厚多少，他的身體也隨着增長。

這樣過了一萬八千年，他的身子長到了九萬里那樣長。這巍峨的巨人，象徵「頂天立地」的偉大人格；他的大能能創天造地，不讓大宇宙再歸於黑暗，象徵人類的「造和「光明」。這是說明奇妙的自然造化，也是說明偉大的人類作爲。

天地開闢成了，盤古又獨自担當了撐天柱地的辛苦不知多少年代。後來天地似乎漸漸鞏固了、定型了。他不再躭心天地再合在一起了。於是他的任務似乎完結了。那知他的開天闢地任務一完結，而他的生命也隨之完結；不久，他的那一付九萬里長大的軀體，也和常人今日一樣地倒下去死了！這是啓示人類的死；沒有任務和不再負責任的人就要等死！但是，能夠開天闢地的人，畢竟與凡人的死不同。他留下所手創的天地，他就等於至今還沒有死了。

據說，因爲盤古原是與天地一體的；所以他死的時候不像我們只一樣的把這血肉之軀等待腐臭，一無所用。據古書繹史和述異記說，盤古臨死時候，周身突然起了極大可怕的變化：他口裏呼出的氣變成了風和氣；他的呻吟聲音變成了轟轟隆隆的雷鳴；他的左眼變成了太陽，右眼變成了月亮；他的手足和身軀變成大地的四極和五方的名山；他的血液變成了江河；他的筋脉變成了道路；他的肌肉變成了田土；他的頭髮和鬍鬚變成了天上的星星；他的皮膚和汗毛變成了花草樹木；他的牙齒、骨頭、骨髓等，也都變成了閃光的金屬，堅硬的石頭，圓亮的珍珠和濕潤的玉白；就是那最沒用處的身上汗水，也變成了雨露和甘霖；總之一句話：這垂死又化身的盤古，就用了他的整個身體來使這個他所開闢的新世界，又添上豐富而美麗的東西。

這些雖然是古人所想像和傳說的神話，但依今日的科學解釋，也完全有其道理。我們人的身體，是和宇宙萬物同樣都由若干種物質的原素稱成的。活的時候我們有生命，死後我們雖然沒有生命了，但我們身上的所有物質元素却一點也沒有喪失，而這些原紊

占筮類			
1	擲地金聲搜精秘訣	心一堂編	沈氏研易樓藏稀見易占秘鈔本
2	卜易拆字秘傳百日通	心一堂編	
3	易占陽宅六十四卦秘斷	心一堂編	火珠林占陽宅風水秘鈔本
星命類			
4	斗數宣微	【民國】王裁珊	民初最重要斗數著述之一；未刪改本
5	斗數觀測錄	【民國】王裁珊	失傳民初斗數重要著作
6	《地星會源》《斗數綱要》合刊	心一堂編	失傳的第三種飛星斗數
7	《斗數秘鈔》《紫微斗數之捷徑》合刊	心一堂編	珍稀「紫微斗數」舊鈔
8	斗數演例	心一堂編	秘本
9	紫微斗數全書（清初刻原本）	題【宋】陳希夷	斗數全書本來面目；有別於錯誤極多的坊本
10－12	鐵板神數（清刻足本）——附秘鈔密碼表	題【宋】邵雍	無錯漏原版　秘鈔密碼表　首次公開！
13－15	蠢子數纏度	題【宋】邵雍	蠢子數連密碼表　打破數百年秘傳　首次公開！
16－19	皇極數	題【宋】邵雍	清鈔孤本附起例及完整密碼表　研究神數必讀！
20－21	邵夫子先天神數	題【宋】邵雍	附手鈔密碼表　研究神數必讀！
22	八刻分經定數（密碼表）	題【宋】邵雍	皇極數另一版本；附手鈔密碼表
23	新命理探原	【民國】袁樹珊	子平命理必讀教科書！
24－25	袁氏命譜	【民國】袁樹珊	
26	韋氏命學講義	【民國】韋千里	民初二大命理家南袁北韋
27	千里命稿	【民國】韋千里	
28	精選命理約言	【民國】韋千里	北韋之命理經典
29	滴天髓闡微——附李雨田命理初學捷徑	【民國】袁樹珊、李雨田	命理經典未刪改足本
30	段氏白話命學綱要	【民國】段方	民初命理經典最淺白易懂
31	命理用神精華	【民國】王心田	學命理者之寶鏡

62	地理辨正補註　附 元空秘旨　天元五歌　玄空精髓　心法秘訣等數種合刊	【民國】胡仲言	貫通易理、巒頭、三元、三合、天星、中醫
63	地理辨正自解	【清】李思白	公開玄空家「分率尺、工部尺、量天尺」之秘
64	許氏地理辨正釋義	【民國】許錦灝	民國易學名家黃元炳力薦
65	地理辨正天玉經內傳要訣圖解	【清】程懷榮	秘訣一語道破，圖文并茂
66	謝氏地理書	【民國】謝復	玄空體用兼備、深入淺出
67	論山水元運易理斷驗、三元氣運說附紫白訣等五種合刊	【宋】吳景鸞等	失傳古本《玄空秘旨》《紫白訣》
68	星卦奧義圖訣	【清】施安仁	三元玄空門內秘笈　清鈔孤本
69	三元地學秘傳	【清】何文源	
70	三元玄空挨星四十八局圖說	心一堂編	過去均為必須守秘不能公開秘密
71	三元挨星秘訣仙傳	心一堂編	
72	三元地理正傳	心一堂編	與今天流行飛星法不同
73	三元天心正運	心一堂編	
74	元空紫白陽宅秘旨	心一堂編	
75	玄空挨星秘圖　附 堪輿指迷	心一堂編	
76	姚氏地理辨正圖說　附 地理九星并挨星真訣全圖　秘傳河圖精義等數種合刊	【清】姚文田等	蓮池心法　玄空六法 門內秘鈔本首次公開
77	元空法鑑批點本——附　法鑑口授訣要、秘傳玄空三鑑奧義匯鈔　合刊	【清】曾懷玉等	
78	元空法鑑心法	【清】曾懷玉等	
79	曾懷玉增批蔣徒傳天玉經補註【新修訂版原（彩）色本】	【清】項木林、曾懷玉	
80	地理學新義	【民國】俞仁宇撰	
81	地理辨正揭隱（足本）　附連城派秘鈔口訣	【民國】王邀達	揭開連城派風水之秘
82	趙連城傳地理秘訣附雪庵和尚字字金	【明】趙連城	
83	趙連城秘傳楊公地理真訣	【明】趙連城	
84	地理法門全書	仗溪子、芝罘子	巒頭風水，內容簡核、深入淺出
85	地理方外別傳	【清】熙齋上人	巒頭形勢、「望氣」「鑑神」
86	地理輯要	【清】余鵬	集地理經典之精要
87	地理秘珍	【清】錫九氏	巒頭、三合天星，圖文並茂
88	《羅經舉要》附《附三合天機秘訣》	【清】賈長吉	清鈔孤本羅經、三合訣法圖解
89－90	嚴陵張九儀增釋地理琢玉斧巒	【清】張九儀	清初三合風水名家張九儀經典清刻原本！

91	地學形勢摘要	心一堂編	形家秘鈔珍本
92	《平洋地理入門》《巒頭圖解》合刊	【清】盧崇台	平洋水法、形家秘本
93	《鑒水極玄經》《秘授水法》合刊	【唐】司馬頭陀、【清】鮑湘襟	千古之秘，不可妄傳匪人
94	平洋地理闡秘	心一堂編	雲間三元平洋形法秘鈔珍本
95	地經圖說	【清】余九皋	形勢理氣、精繪圖文
96	司馬頭陀地鉗	【唐】司馬頭陀	流傳極稀《地鉗》
97	欽天監地理醒世切要辨論	【清】欽天監	公開清代皇室御用風水真本
三式類			
98－99	大六壬尋源二種	【清】張純照	六壬入門、占課指南
100	六壬教科六壬鑰	【民國】蔣問天	由淺入深，首尾悉備
101	壬課總訣	心一堂編	過去術家不外傳的珍稀六壬術秘鈔本
102	六壬秘斷	心一堂編	
103	大六壬類闡	心一堂編	
104	六壬秘笈——韋千里占卜講義	【民國】韋千里	六壬入門必備
105	壬學述古	【民國】曹仁麟	依法占之，「無不神驗」
106	奇門揭要	心一堂編	集「法奇門」、「術奇門」精要
107	奇門行軍要略	【清】劉文瀾	條理清晰、簡明易用
108	奇門大宗直旨	劉毗	天下孤本　首次公開
109	奇門三奇干支神應	馮繼明	虛白廬藏本《秘藏遁甲天機》
110	奇門仙機	題【漢】張子房	
111	奇門心法秘纂	題【漢】韓信（淮陰侯）	奇門不傳之秘　應驗如神
112	奇門廬中闡秘	題【三國】諸葛武侯註	
選擇類			
113－114	儀度六壬選日要訣	【清】張九儀	清初三合風水名家張九儀擇日秘傳
115	天元選擇辨正	【清】一園主人	釋蔣大鴻天元選擇法
其他類			
116	述卜筮星相學	【民國】袁樹珊	民初二大命理家南袁北韋
117－120	中國歷代卜人傳	【民國】袁樹珊	南袁之術數經典

占筮類			
121	卜易指南(二種)	【清】張孝宜	民國經典，補《增刪卜易》之不足
122	未來先知秘術——文王神課	【民國】張了凡	內容淺白、言簡意賅、條理分明
星命類			
123	人的運氣	汪季高(雙桐館主)	五六十年香港報章專欄結集！
124	命理尋源	【民國】徐樂吾	民國三大子平命理家徐樂吾必讀經典！
125	訂正滴天髓徵義		
126	滴天髓補註 附 子平一得		
127	窮通寶鑑評註 附 增補月談賦 四書子平		
128	古今名人命鑑		
129-130	紫微斗數捷覽(明刊孤本)[原(彩)色本] 附 點校本 (上)(下)	馮一、心一堂術數古籍整理編校小組 整理	明刊孤本 首次公開！
131	命學金聲	【民國】黃雲樵	民國名人八字、六壬奇門推命
132	命數叢譚	【民國】張雲溪	子平斗數共通、百多民國名人命例
133	定命錄	【民國】張一蟠	民國名人八十三命例詳細生平
134	《子平命術要訣》《知命篇》合刊	【民國】鄒文耀、【民國】胡仲言撰	《子平命術要訣》科學命理；《知命篇》易理皇極、命理地理、奇門六壬互通
135	科學方式命理學	閻德潤博士	匯通八字、中醫、科學原理！
136	八字提要	韋千里	民國三大子平命理家韋千里必讀經典！
137	子平實驗錄	【民國】孟耐園	作者四十多年經驗 占卜奇靈 名震全國！
138	民國偉人星命錄	【民國】囂囂子	幾乎包括所民初總統及國務總理八字！
139	千里命鈔	韋千里	失傳民初三大命理家-韋千里 代表作
140	斗數命理新篇	張開卷	現代流行的「紫微斗數」內容及形式上深受本書影響
141	哲理電氣命數學——子平部	【民國】彭仕勛	命局按三等九級格局、不同術數互通借用
142	《人鑑——命理存驗・命理擷要》(原版足本)附《林庚白家傳》	【民國】林庚白	傳統子平學修正及革新、大量名人名例
143	《命學苑苑刊——新命》(第一集)附《名造評案》《名造類編》等	【民國】林庚白、張一蟠等撰	史上首個以「唯物史觀」來革新子平命學結集
相術類			
144	中西相人採原	【民國】袁樹珊	按人生百歲，所行部位，分類詳載
145	新相術	【美國】李拉克福原著、【民國】沈有乾編譯	通過觀察人的面相身形、色澤舉止等，得知性情、能力、習慣、優缺點等
146	骨相學	【民國】風萍生編著	結合醫學中生理及心理學，影響近代西、日、中相術深遠
147	人心觀破術 附運命與天稟	【日本】管原如庵、加藤孤雁原著，【民國】唐真如譯	觀破人心、運命與天稟的奧妙

148	《人相學之新研究》《看相偶述》合刊	盧毅安	集中外大成，無不奇驗；影響近代香港相術名著
149	冰鑑集	【民國】碧湖鷗客	各家相法精華、相術捷徑、圖文並茂附名人照片
150	《現代人相百面觀》《相人新法》合刊	【民國】吳道子輯	失傳民初相學經典二種　重現人間！
151	性相論	【民國】余晉龢	民初北平公安局專論相學與犯罪專著（犯罪學生物學派）
152	《相法講義》《相理秘旨》合刊	韋千里、孟瘦梅	命理學大家韋千里經典、傳統相術秘籍精華
153	《掌形哲學》附《世界名人掌形》《小傳》	【民國】余萍客	圖文并茂、附歐美名人掌形圖及生平簡介
154	觀察術	【民國】吳貴長	可補充傳統相術之不足
堪輿類			
155	羅經消納正宗	【明】沈昇撰、【明】史自成、丁孟章合纂	失傳四庫存目珍稀風水古籍
156	風水正原		●積德為求地之本，形家必讀！
157	安溪地話（風水正原二集）	【清】余天藻	●純宗形家，與清代欽天監地理風水主張大致相同
158	《蔣子挨星圖》附《玉鑰匙》	傳【清】蔣大鴻等	窺知無常派章仲山一脈真傳奧秘
159	樓宇寶鑑	吳師青	陽宅風水必讀、現代城市樓宇風水看法改革
160	《香港山脈形勢論》《如何應用日景羅經》合刊		香港風水山脈形勢專著
161	三元真諦稿本——讀地理辨正指南	【民國】王元極	
162	三元陽宅萃篇		被譽為蔣大鴻、章仲山後第一人 內容直接了當，盡揭三元玄空家之秘
163	王元極增批地理冰海　附批點原本地理冰海	【清】高守中　【民國】王元極	
164	地理辨正發微	【清】唐南雅	極之清楚明白，披肝露膽
165-167	增廣沈氏玄空學　附　仲山宅斷秘繪稿本三種、自得齋地理叢說稿鈔本（上）（中）（下）	【清】沈竹礽	玄空必讀經典！附《仲山宅斷》幾種鈔本及批點本，畫龍點睛、披肝露膽，道中刊印本未點破的秘訣
168-169	巒頭指迷（上）（下）	【清】尹貞夫原著、【民國】何廷珊增訂、批注	圖文并茂：龍、砂、穴、水、星辰九十九變 洩漏天機：蔣大鴻、賴布衣挨星秘訣及用法
170-171	三元地理真傳（兩種）（上）（下）		蔣大鴻嫡派真傳張仲馨一脈二十種家傳秘本、宅墓案例三十八圖，並附天星擇日
172	三元宅墓圖　附　家傳秘冊	【清】趙文鳴	
173	宅運撮要	【民國】尤惜陰（演本法師）、榮柏雲	撮三集《宅運新案》之精要
174	章仲山秘傳玄空斷驗筆記　附　章仲山斷宅圖註	【清】章仲山傳、【清】唐鷺亭纂	無常派玄空不外傳秘中秘！二宅實例有斷驗及改造內容
175	汪氏地理辨正發微　附　地理辨正真本	【清】蔣大鴻、姜垚原著、【清】汪云吾發微	蔣大鴻嫡派張仲馨一脈三元理、法、訣具體泄露
176	蔣大鴻家傳歸厚錄汪氏圖解	【清】蔣大鴻、【清】汪云吾圖解	
177	蔣大鴻嫡傳三元地理秘書十一種批注	【清】蔣大鴻原著、【清】汪云吾、【清】劉樂山註	三百年來最佳《地理辦正》註解！石破天驚！

編號	書名	作者	簡介
178	《星氣(卦)通義(蔣大鴻秘本四十八局圖并打劫法)》《天驚秘訣》合刊	題【清】蔣大鴻 著	江西興國真傳三元風水秘本
179	蔣大鴻嫡傳天心相宅秘訣全圖附陽宅指南等秘書五種	【清】蔣大鴻編訂、【清】汪云吾、劉樂山註	蔣大鴻徒張仲馨秘傳陽宅風水「教科書」！
180	家傳三元地理秘書十三種		真天宮之秘 千金不易之寶
181	章仲山門內秘傳《堪輿奇書》附《天心正運》	【清】章仲山傳、【清】華湛恩	直洩無常派章仲山玄空風水不傳之秘
182	《挨星金口訣》、《王元極增批補圖七十二葬法訂本》合刊	【民國】王元極	秘中秘——玄空挨星真訣公開！字字千金！
183-184	《家傳三元古今名墓圖集附謝氏水鉗》《蔣氏三元名墓圖集》合刊(上)(下)	(清)孫景堂，劉樂山，張稼夫	蔣大鴻嫡傳風水宅案、幕講師、蔣大鴻、姜垚等名家多個實例，破禁公開！
185-186	《山洋指迷》足本兩種 附《尋龍歌》(上)(下)	【明】周景一	風水巒頭形家必讀《山洋指迷》足本！
187-196	蔣大鴻嫡傳水龍經注解 附 虛白盧藏珍本水龍經四種(1-10)	【清】蔣大鴻編訂、【清】楊臥雲、汪云吾、劉樂山註	蔣大鴻嫡傳一脈授徒秘笈 希世之寶 千年以來，師師相授之秘旨，破禁公開！完整了解蔣氏嫡派真傳一脈三元理、法、訣！ 附已知最古《水龍經》鈔本等五種稀見《水龍經》
197	批注地理辨正直解	【清】章仲山	無常派玄空必讀經典未刪改本！
198	《天元五歌闡義》附《元空秘旨》(清刻原本)		
199	心眼指要(清刻原本)		
200	華氏天心正運	【清】華湛恩	
201-202	批注地理辨正再辨直解合編(上)(下)	【清】蔣大鴻原著、【清】姚銘三再註、【清】章仲山直解	失傳姚銘三玄空經典重現人間！名家：沈竹礽、王元極推薦！
203	章仲山注《玄機賦》《元空秘旨》附《口訣中秘訣》《因象求義》等九種合刊	【清】章仲山	近三百年來首次公開！章仲山無常派玄空秘密，和盤托出！章仲山注《玄機賦》及章仲山原傳之口訣及筆記
204	章仲山門內真傳《三元九運挨星篇》《運用篇》《挨星定局篇》《口訣篇》等合刊	【清】章仲山、柯遠峰等	
205	章仲山門內真傳《大玄空秘圖訣》《天驚訣》《飛星要訣》《九星斷略》《得益錄》等合刊	【清】章仲山、冬園子等	
206	撼龍經真義	吳師青註	近代香港名家吳師青必讀經典
207	章仲山嫡傳《翻卦挨星圖》《秘鈔元空秘旨》 附《秘鈔天元五歌闡義》	【清】章仲山傳、【清】王介如輯撰	透露章仲山家傳玄空嫡傳學習次弟及關鍵不傳之秘
208	章仲山嫡傳秘鈔《秘圖》《節錄心眼指要》合刊		
209	《談氏三元地理大玄空實驗》附《談養吾秘稿奇門占驗》	【民國】談養吾撰	史上首次公開「無常派」下卦起星等挨星秘密之書
210	《談氏三元地理濟世淺言》附《打開一條生路》		了解談氏入世的易學卦德爻象思想
211-215	《地理辨正集註》附 《六法金鎖秘》《巒頭指迷真詮》《作法雜綴》等(1-5)	【清】尋緣居士	集《地理辨正》一百零八家註解大成精華 匯巒頭及蔣氏、六法、無常、湘楚等秘本 史上最大篇幅的《地理辨正》註解
216	三元大玄空地理二宅實驗(足本修正版)	【民國】尤惜陰(演本法師)、榮柏雲撰	三元玄空無常派必讀經典足本修正版

217	蔣徒呂相烈傳《幕講度針》附《元空秘斷》《陰陽法竅》《挨星作用》	【清】呂相烈	蔣大鴻門人呂相烈三元秘本 三百年來首次破禁公開！
218	挨星撮要（蔣徒呂相烈傳）		
219-221	《沈氏玄空挨星圖》《沈註章仲山宅斷未定稿》《沈氏玄空學（四卷原本）》合刊（上中下）	【清】沈竹礽 等	揭開沈氏玄空挨星五行吉凶斷的變化及不同用法 章仲山宅斷未刪本、沈氏玄空學原本佚文、玄空挨星圖稿鈔本 大公開！
222	地理穿透真傳（虛白廬藏清初刻原本）	【清】張九儀	三合天星家宗師張九儀畢生地學精華結集
223-224	地理元合會通二種（上）（下）	【清】姚炳奎	分發兩家（三元、三合）之秘，會通其用 詳解注羅盤（蔣盤、賴盤）；義理、斷驗俱精
其他類			
225	天運占星學 附 商業周期、股市粹言	吳師青	天星預測股市，神準經典
226	易元會運	馬翰如	《皇極經世》配卦以推演世運與國運
三式類			
227	大六壬指南（清初木刻五卷足本）		六壬學占驗課案必讀經典海內善本
228-229	甲遁真授秘集（批注本）（上）（下）	【清】薛鳳祚	明清皇家欽天監秘傳奇門遁甲 奇門、易經、皇極經世結合經典
230	奇門詮正	【民國】曹仁麟	簡易、明白、實用，無師自通！
231	大六壬探源	【民國】袁樹珊	民初三大命理家袁樹珊研究六壬四十餘年代表作
232	遁甲釋要	【民國】徐昂	推衍遁甲、易學、洛書九宮大義！
233	《六壬卦課》《河洛數釋》《演玄》合刊		疏理六壬、河洛數、太玄隱義！
234	六壬指南（【民國】黃企喬）	【民國】黃企喬	失傳經典 大量實例
選擇類			
235	王元極校補天元選擇辨正	原【清】謝少暉輯、【民國】王元極校補	三元地理天星選日必讀
236	王元極選擇辨真全書 附 秘鈔風水選擇訣	【民國】王元極	王元極天昌館選擇之要旨
237	蔣大鴻嫡傳天星選擇秘書注解三種	【清】蔣大鴻編訂、【清】楊臥雲、汪云吾、劉樂山註	蔣大鴻陰陽二宅天星擇日日課案例！
238	增補選吉探源	【民國】袁樹珊	按表檢查，按圖索驥：簡易、實用！
239	《八風考略》《九宮撰略》《九宮考辨》合刊	沈瓞民	會通沈氏玄空飛星立極、配卦深義
其他類			
240	《中國原子哲學》附《易世》《易命》	馬翰如	國運、世運的推演及預言